労新新書 003

実は危険な飲食店職場

人と職場を美しくすれば安全は確保できる！

東内　一明［著］

労働新聞社

はじめに

安全は、思想であり、文化です。単なる技術ではありません。
人間と企業の存在をかけて、多くの人が深く思索し、伝承してきた貴重な文化です。

安全を追求すると、人々は美しくなります。
職場を美しくします。
そして、企業が輝きます。

安全は、働く人に幸せを提供します。
安全は、企業の発展を支えます。
安全は、社会に良質なサービス、優秀な製品を提供します。

そうです。「三方よし」の世界です。

本書は、飲食店舗に特化した「安全思想・安全手法」を内容とし、必要不可欠のものだけに限定しました。

一気に読み通していただける量・内容ですが、当面必要なもののみをお読みになる場合もあることを想定して、目次を詳細にしました。

目次を見ていただくと、その内容がおおむねご理解いただけるように、工夫をいたしました。

どうか本書を皆様の座右に置いていただき、折に触れ参照賜りますよう、心よりお願い申し上げます。

そして本書が、健康で安全な飲食店職場の実現に向かって、いささかでも貢献できるとすれば、筆者として、これにすぐる歓びはありません。

東内　一明

実は危険な飲食店職場 ― 目次

第4章　店舗の安全管理組織

第5章　安全衛生確保措置で最も大事なこと

第6章　安全確保の具体的手法

第7章　ヘルス・ファーストの思想

第8章　過労死の予防

第9章　CSR（企業の社会的責任）としての安全衛生

第1章　安全管理の必要性

1　飲食店の労働災害……建設現場の10倍以上！

飲食店の経営者、部課長等の本社の管理職の方々、店長、アシスタントの方々、厨房や客席で働く従業員の方々、つまり飲食店に関係するすべての方々に、

「皆様の職場は危険な職場でしょうか？」

このようにお尋ねすると

「私どもの店舗では、年に1、2回のケガがある程度で、多くても3件ほどです。大したことはありません。」

と、ほとんど例外なくこのような答えが返ってきます。

そこで再び、「店舗で働く方々の人数はどのくらいですか？」と、お聞きすると、多くても30人ぐらいまでです。10人程度のところでも、答えはあまり変わりません。

このようなお答えに対して、私は常に、

「それは酷い。建設現場の10倍にもなるじゃないですか！」

と、返すことにしています。

すると、皆様が一様にびっくりされます。

しかし、これは大げさな言い方ではないのです。

むしろ控えめです。


ごく簡単な統計をご紹介します。

厚生労働省の「労働災害動向調査」に基づく度数率です。

皆様が最も危険な職場とお考えになっているのはおそらく建設現場でしょう。

建設現場は、キツイ・汚い・危険の３Ｋ職場として有名です。

この３Ｋ職場である建設現場の２０１２年の不休災害を含めた全度数率は、１００人以上が働く現場で2・72です。

この度数率は、延１００万労働時間あたりの全労働災害件数を表しています。

延１００万労働時間を、ごく大雑把にいいますと、フルタイム、すなわち1日8時間労働の労働者５００人が、1年間に働く労働時間の総時間数とほぼ同じです。

つまり度数率が2・72というのを具体的な数字におきかえて考えると、５００人規模の大工事現場にあっては、1年間に発生している労働災害が2ないし3件程度であることを意味し、

30人程度の小規模にすると0・17件程度になります。

どうでしょうか?

30人程度の飲食店舗で1年に1、2件の労働災害の発生、大したことはないでしょうか?

そうではありません。

右の比較だけでも、3K職場である建設現場の10倍程度になっているのです。

しかも、飲食店舗は、30人規模といっても、1日5、6時間働くパートタイマーを含めて30人程度という意味ではないでしょうか?

私の知るところ、このような規模の店舗の1年間の延労働時間は多くても5万時間程度です。度数率にするには、1年間に発生する労働災害を20倍にしなければなりません。

そうだとすると、飲食店舗での労働災害発生の頻度が、建設業の10倍程度というのは、控え目の表現ということになります。

しかし、皆様はそんなこととは知らなかった、恥ずかしい、と思われる必要はありません。

交通事故について考えてみてください。

道路は危険な場所、交通事故が多発している、ということは常識です。だから、人は誰でも、運転中でも、歩行中でも、いつも注意を怠らず、用心に用心を重ねているはずです。

ここで、質問をさせてください。

皆様は、交通事故にあったことがありますか？

交通事故を直接見たことがありますか？

ほとんどすべての人が「否」とお答えになります。

しかしそれでも、道路は危険だとみんなが知っています。

それはなぜでしょうか？

教えられているからです。

運転免許の教習所で、新聞紙上で、テレビで、小学校で、いろんな機会に、何度も何度も、繰り返し繰り返し、交通事故が多いと教えられているからです。

世の中のいろんな組織が、莫大な費用を使って、ＰＲに務めたからこそ、今日の交通事故の危険性についての我々の知識があるのです。

一方、飲食店の危険性については、これまで誰も声高く主張したものがありません。だからこそ、ほとんどの人が気づいていないのです。

我々は、身の回りで起こることは、それが現実に発生しないと気づかないのです。発生しても、1年間に2、3回程度なら、ごくたまに発生している例外的な出来事として、すぐに記憶から離れていきます。

気づかないのは当然なのです。

しかし、統計を見るとその多さに愕然とします。

私は1966年から、労働基準監督官として、労働基準監督署長として、労働基準局長として約半世紀に渡り、労働安全の仕事をしてきましたが、実は正直に申し上げますと、私自身も飲食店の安全については、これまでほとんど発言していません。

気づいていなかったといっても過言ではないでしょう。

それはなぜか？

これまで重大災害が発生しやすいため、関係者の多くが建設業や製造業に意識を集中してきました。そのおかげでしょう。多くの方々の努力で、これらの職場では一頃よりもはるかに、驚く程労働災害が減少しました。

そこで、改めてすべての統計を詳細に見ると、飲食店における労働災害の発生の多さに驚かされます。危険であると認識していた職場での労働災害が激減したために、それまで目立っていなかった、飲食店の労働災害の発生頻度が異常に多いということにようやく気づいたのです。

私も反省をしています。

行政関係者も、口には出しませんが、大いに反省しているでしょう。

どうかお願いをいたします。飲食店で労働災害が多発していることを認識してください。

安全管理の第一歩は、労働災害がとても多く発生しているということに気づくことから始まるからです。

2　労働基準監督署の動き……監督指導が一挙に強まり送検処分も！

労働者の安全衛生を担当している行政機関は、中央に厚生労働省があり、その下に都道府県労働局、さらにその下に労働基準監督署があります。

その組織を総称して、労働基準監督機関と呼ばれていますが、この労働基準監督機関では、56年前の１９５８年（昭和33年）から、５年を計画期間とする労働災害防止基本計画が連続して定められ、２０１３年（平成25年）４月からは、引き続いて、第12次の労働災害防止基本計画が定められました。

今後5年間の安全衛生行政の各施策は、この基本計画から出てくる予定になっています。

したがって、この基本計画に定められていることが、２０１３年４月以降の5年間の安全衛生行政の動向を示しているといっても過言ではありません。

実際に、これまで安全衛生行政の最も重要な行政対象とされたものは、常に、この基本計画の中で重点業種として指定されたものでした。これは今後も変わることなく続いていくものと思われます。

これまで重点対象業種の筆頭に上げられてきたものは、変わることなく、常に建設業でした。したがって、労働基準行政の大変大きな活動が建設業の分野につぎ込まれてきたのです。

ところが今回は大きく変わりました。第12次労働災害防止基本計画で、重点業種としてその筆頭に上げられたものは、第三次産業です。

しかも、この第三次産業には、その中に多くの業種がありますが、そのうちから３つの業種だけが指定されました。そのひとつが「飲食店」なのです。

これは従来の建設業を中心としてきた安全衛生行政の大きな転換といえるでしょう。

行政活動の大部分が建設業につぎ込まれた従来のように、同じ量が第三次産業につぎ込まれるかどうかは疑問が残りますが、少なくとも、かなりの行政活動が飲食店の分野に向かうのは、間違いありません。

多分、労働基準監督署にいる労働基準監督官や安全専門官等の担当官が、飲食店を臨検し、監督指導を行い、必要があれば送検します。

その結果、労働安全衛生法違反で有罪となる方も珍しくなくなるでしょう。

そうならないように、安全管理活動を早急に始め、さらに強化していくことが、特に必要な時代になっています。

3　損害賠償……1億円以上も珍しくない！

死亡や障害が残った場合、遺族や被災者から莫大な損害賠償が請求されるのは、ほとんど日常茶飯事のことになっています。

これまで災害の多かった建設業や製造業の経営者は、労働災害が発生した場合は、莫大な損害賠償を行わなければならないことは常識であり、覚悟の上です。したがって、政府の行う労災保険に加入しておくことはもちろんのことですが、それ以上に、民間の上乗せ保険に加入しておくことも、ごくごく普通のこととなっています。死亡や重い障害が残った場合は、賠償額が1億円を超えることも、そう珍しいことではないからです。

飲食店の関係者の方々は、飲食店での災害はほとんどが本人の不注意だ、本人の不注意で災害になったのだから損害賠償の必要はない、と思っておられませんか。

確かに労働災害が、本人の不注意で起こることが多いのは事実です。このことは、建設業でも、製造業でも同じです。

だからこそ、一昔前までは、「弁当とケガは手前もち！」という言葉があって、これが広く信じられており、労災保険以外に民事の損害賠償を必要とする事態は、そう多くありませんでした。

すなわち、事業者は、労働者に過失があるのだから損害賠償は必要ないと考え、労働者も、自分のほうに過失があるのだから損害賠償を要求するなんてことはできない、と思う人が多かったのです。

しかし、この考え方は今ではほとんど消えました。労働者に過失があっても、災害にならないようにするのが事業者の責任というのが、最近の普通の考え方になっています。

労働者やその家族も、被災者に過失があっても、損害賠償請求をするのに、なんのためらいもありません。

法律的にも、労働者の過失は、過失相殺の対象にされるだけです。しかも、その過失割合は、最近の裁判例では、労働者の方を少なく見積もる傾向が顕著になってきています。

飲食店の労働災害では、民事賠償にいたる例はまだ少ないでしょう。しかし、今後は、労働基準監督機関が活動を強めますし、世間も注目をしていくことになります。

これからは、飲食店での被災者の損害賠償請求は、建設業や製造業で働く方々が普通にそうしているように、あたりまえのことになっていくでしょう。

この面からも、安全管理活動は早急に強化する必要があります。

しかも、飲食店において、建設業や製造業に比べて労働災害が圧倒的に多いのは、必要な安全管理が行われていないからです。ごくごく初歩的な安全管理が、行われていないのです。

建設業や製造業では、非常に高度な安全管理が必要な場合もありますが、飲食店では、そんな高度なものは必要ありません。初歩的で、ほとんどコストもかからない、常識的な安全管理を行うことで足ります。現状は、そのような安全管理すら、行われていないのがほとんどなのです。本書は、その簡単な安全管理のノウハウを示しています。

こんな簡単なことで大丈夫か、と思われるかもしれませんが、これで十分なのです。

半世紀近い私の経験から、自信を持って断言します。

これで、十分です。

第2章　安全第一の思想

1　安全第一の始まり……USスチール・ゲーリー社長の英断

安全第一（safety first）はアメリカで誕生した標語です。

1900年代初頭、アメリカは不景気のどん底に沈んでいました。その不景気の中で、労働者たちは劣悪な環境の中で、危険な作業に従事していました。その結果、多くの労働災害に見舞われていたのです。しかも、労働災害の発生は、作業現場ではやむを得ないものと思われていました。

しかし、当時世界最大規模を誇っていた製鉄会社、USスチールの社長であったエルバート・ヘンリー・ゲーリーは、労働者たちの苦しむ姿に心を痛めていました。

当時は未曾有の不況下でした。生産を増やしても、売れ行きは芳しくなかったでしょう。そのせいもあったかもしれませんが、ゲーリーは、思い切って、「**安全第一、品質第二、生産第三**」としたのです。それまでは、「生産第一、品質第二、安全第三」というのが、会社の経営方針であったのです。この方針が実行されると、労働災害はたちまち減少しました。労働災害が減少しただけではありませんでした。まったく意図しなかった、品質・生産性も大きく向上したのです。その結果、不況にもかかわらず、ＵＳスチールの業績は大きく改善し、不況からいち早く脱却することができたのです。

それはなぜでしょうか。

工場の組織や働く人が、安全第一を心がけて行うすべての行動は、品質や生産性を向上させるものとほぼ同じだからです。

しかも、人間は本質的に利他的です。だから、安全を目的とする行動は、企業の組織も働く人も、実に真摯に熱心に行います。

その真摯さ、その熱心さが、品質にも、生産性にも、よい結果をもたらすのです。

だからこそ、ＵＳスチールの安全第一という標語は、初期資本主義の真只中にあったアメリカ全土に、あっという間に広がりました。

2　整理・整頓・清掃・清潔・躾《しつけ》……ヘンリー・フォードの思想

20世紀以降の資本主義生産方式である大量生産は、Ｔ型フォード車の生産に始まりました。

これを始めたのは、ヘンリー・フォードです。

彼こそ、新しい時代を切り開いた偉大な経営者でした。

彼は、ただ単に大量生産方式を考案しただけでありませんでした。

彼は工場で働く労働者を、安く使うべき資本の奴隷としてではなく、来るべき大量消費社会の主人公であり、その主役であるとみなしました。

だからこそ、労働者は、工場でT型フォードを作る人だけでなく、これを購入し、家族を乗せてドライブし、生活を楽しむ人でなければならないと考えたのです。

そこでどうしたか。

彼は、当時1日12時間労働であるのが普通の時代に、1日8時間労働とし、労働者が早い時間に家庭に帰れるようにしました。

さらに、当時大変なぜいたく品であった車を買えるように、賃金を倍以上にしたのです。

つまり、**労働時間を3分の2に短縮**し、**賃金を倍以上**にしたのです。

しかも、労働者を曇りない目で見つめ、障害者、女性、前科者を分け隔てなく採用し、その能力、障害に応じて職務を考案し、健常者と変わりない賃金を支給しました。

彼は主張しています。

誰でもその身体能力に応じて適切な職務を与えると、健常者と変わりない能力を発揮する、だから健常者と同じ賃金になると。

現代の発達した人事・労務管理のもとでも、多くの企業においては、障害者や女性を分け隔てなく採用することはひとつの理想にとどまっているといわざるを得ません。

彼は１００年余も前に、すでに実現していました。

実現したというのはいい過ぎかもしれませんが、少なくとも、企業のトップがそれを当然と考えていたのです。

このような先進的な労務管理の考え方は、安全衛生においてもそうでした。

快適な作業環境

彼は、工場は快適な環境にするべきだと考えました。

そのためにまず必要なことは、新鮮な空気を常時確保することでした。

そこで、工場の柱を中空式にして、その中に空気の供給と排気を行う設備を設置しました。

換気するために、空気の供給を行いつつ、同時に排気を強制的に行う。これは常時室内に緩やかな空気の流れを作り、速やかに空気を清浄にする最も優れたシステムです。

これは今考えても、先進的な全体換気装置です。このような装置を持っている作業場が、現在、どれくらいわが国にあるでしょうか。

このような措置は、わが国の労働安全衛生法がようやく企業の努力義務として取り入れた快適な作業環境の先駆けでもありました。

5S（整理・整頓・清掃・清潔・躾）の主張

彼は、整理整頓こそ優秀な職人の基本であると考えていました。

そこで、従業員に作業場の整理・整頓を行わせるとともに、特に、通路については物を置くことを禁止しました。

これは現代においても、安全に必要・不可欠な基本的な措置と考えられていますが、すでに彼は100年以上も前に実行に移していました。

さらに、工場は清潔・清掃が何より重要だとして、整理整頓を心がけさせるとともに、清潔・清掃のための専任チームを新たに作り、工場の清掃、窓拭き、塗装に従事させました。

この専任のチームが塗装も行うようになっていることに注目してください。

このチームは、工場の多くの場所を塗装する役割を担っていました。塗装することで、工場の景観に明るさ、清潔感が生まれ「美しく」なるからです。

彼は、工場は美しくなければならないと考えたのです。考えただけではなく、専任のチームを作ってまで、それを実行に移したのです。

しかも専任のチームがそのようなことをすれば、従業員もおのずから工場を美しくするためにマナーがよくなり、さらに工場は美しくなり、安全衛生の水準が高まるだろうと考えたのです。

すなわち、清潔・清掃に加えて、職場を美しくすることが必要だと主張しています。

これは、現代では「躾」と呼ばれているものです。

この「躾」という字をよく見てください。

身体を美しくするという字です。

ここでいう身体は、主として作業場所のことをいいます。

私が、主張している「躾」は、工場を美しくすることです。

（今では、躾としては、工場だけでなく、従業員の服装、行動、作業方法のすべてが美しくならなければならないと考えていますが、最も必要で基本的な躾は、作業環境を美しくすることです。）

以上のとおり、ヘンリー・フォードは、実質的には現在わが国で強く主張されている「5S（整理・整頓・清掃・清潔・躾）」の最初の主張者といって差し支えないでしょう。

3 日本での安全第一

1912年の足尾鉱業所の標語

日本での「安全第一」は1912年に始まりました。USスチールでゲーリー社長が始めてからわずか6年後です。

始めた人は、古河鉱業足尾鉱業所の所長小田川全之です。彼は1904年から1907年までアメリカに遊学し、そのときUSスチールで、1906年に始まったばかりの「safety first」という安全運動を知りました。

（写真は、古河鉱業株式会社の後身古河機械金属株式会社様ご提供のものです。同社で現在も大切に保管されています。）

帰国後、１９１１年に足尾鉱業所所長に就任すると、翌年の１９１２年に「safety first」を「安全専一」と訳して、日本で始めて「安全第一」を中心とする活動を始めたのです。

彼は、「safety first」を安全第一とは訳しませんでした。

なぜそう訳さなかったのか、彼がどういう気持ちで安全専一と訳したのか、今はもう記録が残されていないので、推測の域を出ません。

しかし、注目すべきは、アメリカでは「安全第一」の後の言葉として「品質第二、生産第三」と続け、これらを一連の言葉として使用していましたが、彼は、「品質第二、生産第三」という言葉を使いませんでした。「品質第二、生産第三」という言葉を切り捨てたのです。そして、物事の順番を示す「第一」

ではなく、ただひたすら、わき目も振らず追求すべきことを意味する「専一」と訳したのでした。

彼はおそらく、働く人の安全は、品質や生産効率と比較考量すべきものでなく、何があろうとただひたすら、守るべき神聖なものと考えていたのではないでしょうか。そしてそれを守ることが、すなわち品質を高め、生産効率をおのずからよくするのだという信念を持っていたのでしょう。

そのような彼の思想は、その後全国に広がり、今もなお、わが国に脈々と伝わっているというべきでしょう。

その証拠に、その後「専一」という言葉こそ、いつの間にか「第一」に変更されていますが、今なお、わが国では「品質第二、生産第三」の言葉は使われていません。

4　旧海軍造船所の安全第一……「安全は…国守る」

佐賀県の北西、長崎県との県境には多くの入り江があります。

その中でも、鎖国中の江戸時代から密かに有田焼を世界に輸出し、「古伊万里」の母港となった伊万里湾は、秘密の国際港らしく急峻な山肌に守られて攻めるに難い天然の要害となっています。

そのため、太平洋戦争時には旧海軍の造船所が設けられ、終戦間近には、特攻兵器である人間魚雷も多数建造されていました。

戦後、この工場は長く放置されて、蔦《つた》の生い茂る廃墟となってしまいましたが、軍需工場らしく頑丈に作られた鉄筋コンクリートの柱や床の構造が、そのまま残されていました。

しかし、流石にその頑丈な構造も、戦後60年余を経て、危険なものとなってきたらしく、先年、近く解体されるということが地元の佐賀新聞に報道されました。

その記事の中には、「**守る安全、見交わす笑顔**」などの安全標語が工場内に残されていると書いてあります。

私はびっくりしました。

旧海軍の特攻兵器を作る工場に、安全標語が掲げてあるというのです。

佐賀県は私の故郷です。そこで、帰省の折にこの工場を訪問してみました。

すると報道のとおりでした。

柱のそこここに、「かがさぬ点検、必ず安全」「災害は心の隙から、手落ちから」「生産は一に安全、二に健康」などの標語が10種類も、白く塗られたペンキの下地に毛筆の文字で書かれているのです。


ここは、旧海軍の軍需工場です。当然のことながら、旧海軍の厳重な管理のもとにあった場所です。箸の上げ下ろしまで、海軍軍人たちの統制のもとにあったでしょう。その工場が、「お国のためにがんばろう」などの戦意高揚の言葉ではなく、「生産は一に安全、二に健康」などとする標語のもとに、稼働していたのです。

しかも、最も目立つ工場の中心の柱に、「安全はあなたを守る　国守る」という言葉が掲げられていました。

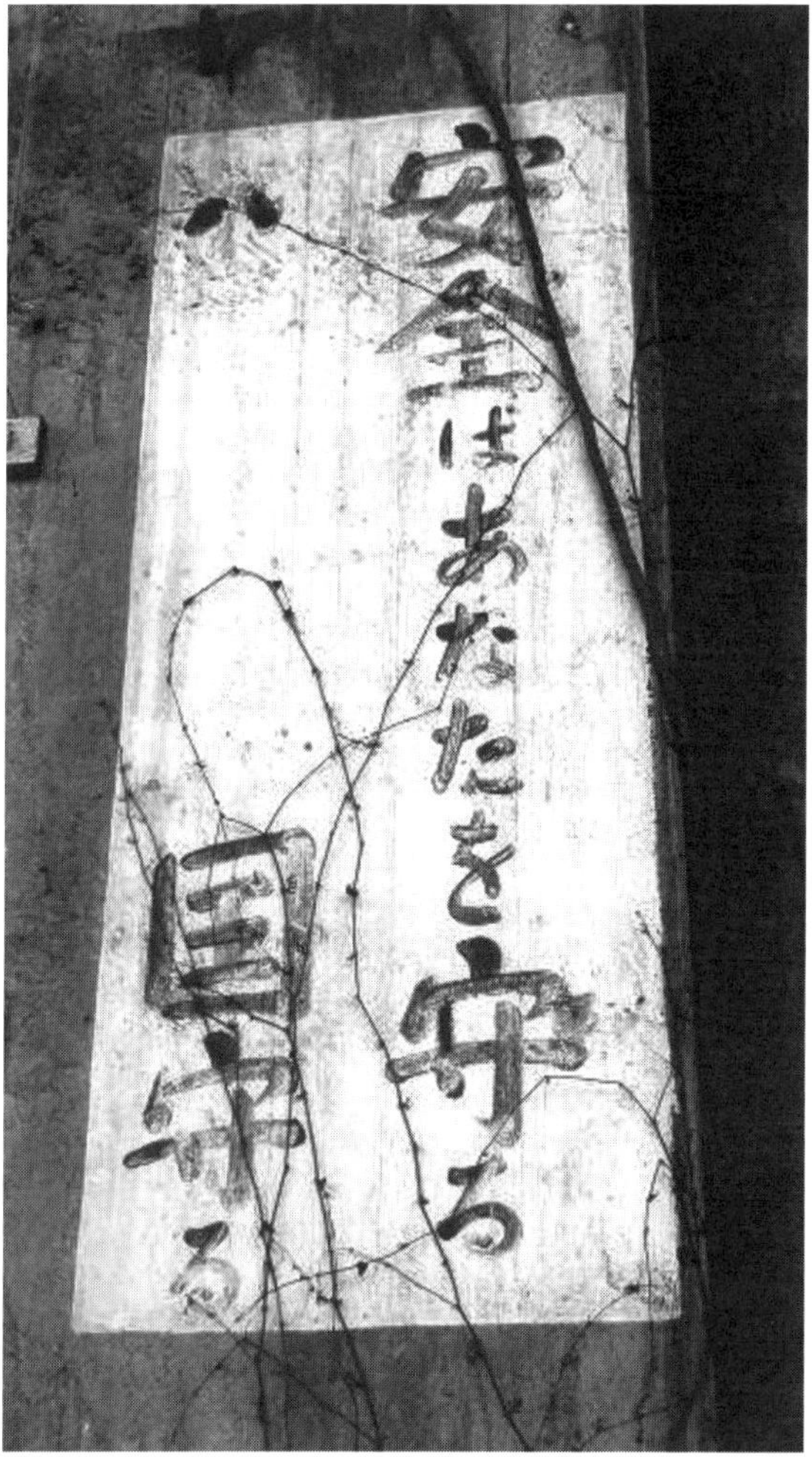

「安全はあなたを守る　国守る」(著者撮影)

迫る連合軍の本土上陸を迎え撃つため、兵器を必死の思いで増産しようとしている海軍の軍需工場が、まず「働くあなた方の安全を守ってくれ」、それが「祖国を守ることなんだ」と宣言し、かつ、働く人々に、そのように呼びかけているのです。

これが書かれた年代は、太平洋戦争終盤の１９４４年前後でしょう。

１９１２年に古河鉱業足尾鉱業所の小田川全之が始めた「安全第一」運動は、約30年後には、ついに、命を捨てて祖国を守るべき海軍の軍人すら、働く人の安全を守ることが、国を守ることだと、迫る連合軍の本土進攻を目前にして呼びかけるまでになったのです。

これはなぜでしょうか。

明らかに、働く人の安全を守ることが、優秀な兵器を効率よく作る前提・基礎だからです。

正直に申しあげると、私も若いときには、安全が確保できない作業もある程度やむを得ないのではないかと考えるときがありました。

しかし、それは間違いなのです。

安全を守ることが生産を守ることで、それが会社を守ることであり、国を守ることなのです。

（２０１２年、この旧海軍の造船所（旧川南造船所）は伊万里市によって取り壊されましたが、しかし幸いなことに、これらの安全標語は、関係者の方々の特別のご配慮により、大事に切り取られ保存されています。跡地は公園になる予定だそうですので、これらの標語は何らかの形で公開されることになるでしょう。）

5　不二家会長の英断

２００７年1月10日、株式会社不二家は、マスコミの報道という激震に見舞われました。消費期限が切れた牛乳を使用していたというものでした。

これは食品を製造する企業にとって、実に致命的なものでした。一気に企業存亡の危機に立たされたのです。

現にその5日後、創業家の藤井林太郎社長が辞任を表明、その1週間後に、櫻井康文取締役が、創業家以外からは初めての社長に就任、2カ月後には山崎製パン株式会社と資本業務提携、翌年には山崎製パンの傘下に、と矢継ぎ早な改革が行われましたが、食品安全問題の大きさと、当時世界経済を震えあがらせたリーマンショックもあって、業績は低迷を続けました。

その苦しみの中で、山崎製パンから建て直しに乗り込んでこられた山田憲典会長は、安全を完璧にしようと決意されます。

それは、２０１０年7月30日のことでした。

山田会長は、労働災害ゼロを目指して、本部長、部長、工場長などの責任者全員を集めて決起集会を開かれました。光栄なことに私も参加が許されました。

「安全は愛」の誕生

会議の開始直前、会長が私の席に寄ってこられ、１枚の半紙を示されました。

それには、墨で力強く「愛」と大書されていました。

「私の『安全第一』は、これなんです。『愛』なんです。これを、わが社の安全運動の基本標語にしたいのですが、どうでしょうか」

私は息を飲みました。

とても素晴らしいと思いました。

40数年間、職務上多くの経営者に会ってきましたが、このような素晴らしい標語を自ら考え出した方は初めてでした。

「家内は、『愛が何たるか、あなたはわかっているの！』といいましたよ」と、会長は呵呵大笑《かかたいしょう》されました。

私はその瞬間、この会社は、きっと素晴らしい成績を上げるだろうと確信しました。

そしてそれはそのとおりになりました。初年度の1年間に、労働災害は前年から半減し、翌年も半減し、さらにその翌年も半減したのです。

その結果、労働災害の少なさで、菓子パン製造業のトップ集団を走ることとなりました。

この間、会社の業績は急上昇、２０１３年にはついに復配を実現しました。

食品安全問題から6年です。

航空機にたとえると、苦しい地上滑走期がいよいよ終わったのです。

さらなる高みを目指してテイク・オフ、急上昇の時代を迎えたのです。

それぞれのトップの決断の重要性

もとより、この業績は山田会長の「愛」という言葉の力だけではありません。

この言葉を受けて、本社・工場に安全管理組織を作り上げ、労働災害をすべて本社で把握し、本部長以下の幹部が定期的に工場を安全パトロールし、細かな改革事項を指示し、安全教育制度を整備し、工場では全職制が安全を自らの最も大事な職務と認識し、すべての関係者が日常的に努力してきた成果でもあります。

しかし、最も特筆大書すべきものは、組織のトップの決意です。

最も大事なものは、トップの決断です。

そして組織のトップとは、企業全体を率いるトップ、それは不二家では会長職ですが、それだけでは十分ではありません。企業内のすべての組織のすべてのトップが、決断することが必要でした。

工場長の努力の例

ある工場長は、工場内を歩くときは、常に粘着性ペーパーを設置したローラーを引きずりました。少しでも工場内のゴミを取り払い、清潔にしようとしたのです。

またある工場長は、早朝から門前に立ち、出勤してくるパートタイマーに「ご安全に！」と呼びかけました。

工場のパートタイマーの1人ひとりに至るまで、意思疎通を図り、企業の「愛」の思いを伝えようとしたのです。

ご紹介したものは、それぞれの組織の多くのトップ達の、多様な努力の一端にしか過ぎません。

このように、会長の「愛」という言葉の力と、それを十分に理解した各工場長、課長、班長、係長たちというそれぞれの組織のトップの必死の努力があって、最高の効果を発揮したように思います。

そして何よりも、これらの職制の努力を受け入れ、さらに独自に努力を重ねたすべての従業員・パートタイマーの一致した意思こそが、最も大きなキーポイントになっていました。

それはなぜでしょうか。

それは、それぞれのトップの決意を従業員が十分に理解したからでしょう。

労働組合の努力

しかもそれと同時に、自社の労働組合が、安全を自らの問題として組合員を教育し、安全意識を植えつけるとともに、会社の行う安全パトロールにも積極的に参加し、労働組合としても独自の努力をされているからなのです。

そうです。安全は、企業のトップから最前線で働くパートタイマーまで、労使双方すべての人が心を合わせる必要があります。

6　日本マクドナルドの先進的な試み

２００８年、「名ばかり管理職」という言葉がはやりました。日本マクドナルド株式会社の店長が、時間外手当等の支給を求めた地裁判決で勝利したからです。

この判決は控訴されたのですが、その控訴中和解が成立し、訴訟は取り下げられました。

そして、日本マクドナルドでは、店長はすべて残業代が支払われる職員となり、世間でいういわゆる「管理職」から外れました。

私は今でもマクドナルドの店長は労働基準法第41条に定める管理監督者であると思ってい

ますし、したがって、この判決は、制度を誤解した誤ったものだと思います。

しかし、当時の原田CEOは、少し違った判断をされました。

労働基準法違反かどうかよりも、長時間労働が管理職であることから生じているのなら、管理職から外そう、店長職務は、原則として所定労働時間内に行われるべきものだということでした。

加えて、店内のすべての従業員の労働条件が法令に違反しないように、さらには快適な労働条件となるように、外部組織の労務監査の判断を受けようと決定されたのです。

その決定により、私に依頼が来ました。

そこで私は、労働基準監督官OB、社会保険労務士、労働安全コンサルタント、労働衛生コンサルタントからなるチームを編成し、爾来、多くの店舗の労務・安全監査を手分けして実施しています。

この労務監査を通じて、私は2つのことを知りました。

ひとつは、マクドナルドの店舗には、国籍、性別、年齢、障害の有無等による差別がないということです。

マクドナルドでは、様々な国籍の人が日常的に働いています。

マクドナルドでは、高齢者が生き生きと働いています。年齢制限がないのです。70歳以上も稀ではありません。

マクドナルドでは、たとえば障害者であるからといって最低賃金を下回るような賃金の設定はせず、健常者と同じ賃金で多くの障害者が働いています。店長にお聞きすると、「身体的障害者であれ知的障害者であれ、その障害に応じて適切な作業を担当してもらうと、能率は健常者と同等かそれ以上の場合も多い。賃金で差別する必要はないのです」と答えられました。

そういう取扱いをしていない多くの企業を知っている私にとっては、とても感動的なお答えです。

もうひとつは、安全衛生管理の先進性です。

日本マクドナルド本社人事部が行う監査も、我々の監査も、当初は労働時間問題を強く意識していました。

労働時間については、クルーと呼ばれるパートタイム従業員の労働時間はPCによる打刻が励行され、しかもすでに、1分間単位で賃金が支払われる「分給制度」という先進的な制度のもとにありました。

この制度は、店長にも即座に適用されました。そして、長時間労働から外れたことにより女性の店長が増加し、育児中の女性店長が１日６時間の短時間勤務をこなしながら、優秀な成績をあげることができるようになりました。

長時間勤務を抑止することがこの監査の中心的な目的だったのですが、これは、ほとんど早期に心配がないようになっていきました。

原田ＣＥＯの「店長業務は所定時間内でできる、やるべきだ」という、ご判断・英断はとても素晴らしいものでした。

そのとおりだったのです。

そこで、日本マクドナルド本社人事部が行う監査も、我々の監査も、安全衛生を重要問題として、そのウイングを広げることができるようになったのです。

そして近年、大いに安全衛生確保措置が進みました。

マクドナルドの全国の店舗では、衛生管理者・衛生推進者を選任しています。

店舗の衛生委員会の組織化が進み、さらに安全衛生委員会への改組が進んでいます。

高熱の廃油の運搬は、専用の器具を使用するとともに、運搬する行動そのものに作業標準が定まり、周知が徹底されています。

コーヒー抽出機には、熱湯による火傷を防止するために安全装置が取り付けられています。

清掃は、1日に5回以上実施し、すべり・つまずきによる転倒防止を図っていますが、さらに店舗の従業員は、特別の安全靴を着用しています。

これらは日本マクドナルドの取組みの一部です。

皆様が店舗に入られたときに感じられる店舗従業員の明るい笑顔は、性別、年齢、国籍、障害者などを決して差別しない雇用のもとで、このように周到に配慮された安全衛生確保措置が支えています。


そうです。

飲食店においても、店を支えるのは安全第一なのです。

第3章　企業の安全管理組織

1　安全はトップから

多くの企業で、安全業務は、組織の一部で、誰かが黙々と行っておられるのをよく見かけます。

特に、飲食店関係では、人事部あるいは総務部の一部で、誰かが片手間にひっそりと行っておられるのが普通ではないでしょうか。

しかし、現状では、担当者がいる、担当の組織があるということだけでも、すばらしいことといわざるを得ません。

ほとんどの企業で、安全はまったく意識に上っていないというのが普通だからです。だからこそ、キツイ・汚い・危険の３Ｋ職場である建設現場の10倍以上に上る災害が発生しているのです。

安全管理は、本書の冒頭でご紹介したとおり、企業が組織された目的、すなわち鉄や車、武器やお菓子の生産、食品の提供などの企業活動と一体にして不可分のものなのです。

ところで、本体の企業活動はどのように行われているでしょうか。

車の生産を例に取りましょう。

自社で製造する車の種類、規模、値段。これらは、最終的には企業の意思決定機関である取締役会で決められ、執行機関のトップたる社長の命令によって実行されます。すなわち、トップダウンです。しかも、このような企業活動がトップダウンで行われるべきことは、誰も主張しません。あたりまえだからです。

ところが安全についてだけは違います。

企業組織の隅っこで、誰かが、黙々と行っているのをみんなが普通に思っています。

これは間違いです。

そうであってはなりません。

安全管理を行うことは、企業活動を行うことです。

言葉を変えれば、安全管理なくして、企業活動は行い得ません。

とりわけ、飲食店関係の企業では、安全活動は始まったばかりです。

多くの人が、安全業務は、本体の飲食業の業務ではないと思っています。

繰り返します。これは間違いです。

安全活動を行うことは、従業員を守ること以上に、企業を守ることだからです。時として従業員は、安全を守らないことが、企業を守ることだと思っています。従業員は、自分の業務が大事なのです。自分を大事にすることよりも、業務を大事にしています。

これはすばらしいことですが、しかし、企業にとっては決していいことではありません。意図に反して、生産性・効率性を落とし、企業に致命的な打撃を与えるのです。

これを直すためには、トップが動くべきです。

まず企業のトップが、安全活動は企業の重要な業務であり、企業活動そのものであり、あらゆる管理者、あらゆる従業員は、心をひとつにして、安全活動を展開する必要があると宣言しなければなりません。

トップが、安全を大事に思っていることをすべての従業員に確信させないといけないのです。

安全は、トップからです。
安全はトップダウンで行うべきです。

しかも「安全はトップから」というのは、法律の規定です。労働安全衛生法第10条第２項がそのように決めているのです。

（注）この条項は、直接的には事業場の安全管理体制について規定していますが、労働安全衛生法が事業場ごとに適用されるからで、その趣旨は企業全体に敷衍《ふえん》されるべきものです。

２　企業全体の安全組織

(1)　安全管理組織のトップ

前述したように、労働安全衛生法は、個々の事業場ごとに適用されるスタイルになっており、企業組織全体のものについては規定がありません。

しかし、安全管理について最も大事なものは、企業としての行動であり、企業全体がひとつの組織として、整然とした行動をすることが必要不可欠です。

したがって、まず、安全管理のトップは企業全体の組織のトップがなるべきです。

(2) 安全管理を行う組織

安全管理を行う組織は、通常の業務運営組織で十分です。

十分というよりは、通常の業務運営組織が、通常の業務として安全衛生管理業務を行うべきです。

だからこそ、安全管理組織のトップは、企業全体の組織のトップがなるべきなのです。

繰り返します。

安全衛生管理業務は、通常の業務運営の一環です。

通常の業務運営組織が、通常の業務として行うべきです。

そのほうが最も効率的な運営ができますし、しかもそれこそが、労働安全衛生法が求めていることです。

もし、安全管理に不備があれば、通常の業務を行う組織が法違反の責任を問われます。

確かに、多くの先進的企業で、本社や支店に安全衛生管理本部あるいは安全衛生管理部があります。

しかし、これらの組織は決して自ら安全管理を行う組織ではなく、あくまでも、通常の業務運営組織に対する助言・指導や安全管理の適正を監査する組織になっています。そうです。

安全管理は、次の(3)や(4)に定める組織以外に、特別の組織は必要ありません。もし、通常の業務組織に安全管理業務を担当させず、特別の組織を作ったとしたら、それは、効率的な安全衛生管理にならないばかりか有害無益です。

(3) 安全管理の企画・審議機関

安全管理は、企業のすべての知識・頭脳、すなわち衆智を集めて、それを参考に決定されるべきです。

その組織としては、「中央安全衛生委員会」などの名称の審議機関が必要です。

この委員会は企画・審議機関で、そこで審議・決定されたことを参考として、組織のトップが最終案を決定するべきものですから、その委員長は、トップであるよりは安全管理本部などの組織を実質的に切り回す組織の長が適当です。たとえば、副社長や安全管理本部長、安全管理本部がない場合などでは、総務部門の長などでもいいでしょう。

委員は、まずそれぞれの組織の長や関係者です。部組織がある場合は、各部長などがいいと思います。

安全管理は、企業本体の組織によって日常的に行われるべきものですので、具体的な組織の長がなるのが普通ですし、最も効率的でしょう。

企業に多数の従業員を代表する労働組合があれば、この委員会に労働者の代表として、労働組合の役員を入れるべきです。

きっと、労働の実態に応じた知恵を出していただけるでしょう。

(4) 安全管理本部等の組織

企業全体の安全管理について企画立案する部門、一般的には安全管理本部などの名称の組織を作るべきです。

安全管理の基本案の策定

この組織が、(3)で述べた中央安全衛生委員会の事務局となり、委員会で審議すべき基本的な安全計画の案を作ることとなりますが、最も重要な職務は、企業全体としての、安全衛生管理の基本的な方針の骨格を作り上げ、それを実行する企業トップ以下の組織に提案し、助言し、サポートすることです。

だから、決して自ら実行する組織となってはいけません。実行はあくまでも、通常の企業組織で行うべきです。

教育計画と教育資料の作成

次の職務は、安全に関する教育計画を作り、その教育で使うべき資料の基本部分の案を作ることです。

教育で使うべき資料は、基本的には2種類あります。

ひとつは、安全がなぜ必要なのかを従業員に教える基本資料です。

もうひとつは、個々の作業のやり方を教える具体的な資料です。作業手順と呼ばれていますが、この基本部分の作成も本社の安全管理本部の職務となります。

この作業手順の具体的かつ詳細部分は、作業現場の安全管理をする人、組織によって違うでしょうが、班長、主任、作業リーダーなどの方々がその中身を完結させるべきです。

しかし、その全体の様式、盛るべき基本部分は本社組織で考えてやるべきです。

安全監査の実行

すべて企業組織は、その活動を客観的判断する監査が必要ですが、安全管理は特にそうです。

安全管理は、企業の本体の活動にとっては有益でないと思われがちだからです。

それに、安全管理が適切に行われていればいるほど、その効果は認識されなくなります。

極端にいうと、災害の発生がゼロになれば安全管理は必要でないと思われます。

安全管理によって健康や命が守られた者は、誰も自分が守られたなどとは思いません。決して気がつかないのです。

命や健康を守られた者からも、安全管理を口うるさくいうものは疎まれるのです。

すなわち、安全管理を口うるさくいう者、組織はとかく排除されがちです。

そしていつの間にか、安全管理が骨抜きにされてしまうのです。

だからこそ、本社で決めた安全管理が適切に行われているかどうか、常に点検が必要です。

労働災害の調査・分析

安全管理で最も基本的な資料は、職場で発生した労働災害の調査分析結果です。

これこそ、最も貴重な資料です。

全店舗で発生した労働災害を一定の様式で報告させ、本社で一括して内容を分析し、対策を練るべきです。

その報告書は簡単なもので結構です。

次に示すようなもので十分です。

労働災害調査要因分析表

店　長	作成者

作成日　　年　　月　　日

ふりがな 被災者氏名		性別	男・女	所属部署			
		年齢					
住　　所							
入社年月日		勤続年数			経験年数		

災害発生状況

発生日時		発生場所	
負傷部位		負傷状態・程度	
状　況 ①どんな作業で　②どんな状況で（物的、人的） ③どうしたときに　④どうなって被災した			イラスト

労働災害分析

作業名		休日後	日目	始業後	時間　分経過
作業形態	定常作業 非定常作業 緊急事態	単独作業　共同作業			
作業指示状況					
作業手順書	有　…名称　　　　無				
被災時の行動	いつもしている　時々している　初めてした				
事故の型		起因物・加害物			

3　安全衛生管理規定作成の必要性

安全衛生管理は、統一的に、全社一丸となって整然と行われるべきです。それには、安全衛生管理規定が不可欠です。

法令上も、労働基準法第89条が、安全衛生に関する規定の定めをする場合は、就業規則の一部とするように求めています。

法は就業規則の一部とするように求めていますが、必ずしも、就業規則の中に定める必要はありません。

就業規則の中には、

「○条　安全衛生に関しては、別途安全衛生管理規定を定める。」

と定め、独立した規則とする方が使い勝手がいいでしょう。

最初は、簡単なもので結構です。複雑なものは必要ありません。運営していく中で、それぞれの企業の必要に応じ、付け加えていくということでいいのです。

要はすべての管理者、すべての各級責任者、すべての従業員が、安全管理の担当者であることを意識できるようになれば、安全管理規定としては大成功です。

4　店舗開発におけるリスクアセスメント

(1)　店舗における基本的事項の設定

安全衛生管理で最も必要なものは、事前の対策です。

飲食店で最も大事な安全衛生対策は、店舗を新たに開設する場合に行うリスクアセスメントです。

基本的な安全衛生対策は、店舗が営業を始めてからでは遅すぎます。

厨房、調理施設・器具の配置、客席への従業員の往来における安全の確保

厨房、調理施設・器具の配置、客席への従業員の往来における安全の確保は、店舗を開設する前の店舗設計時から始めるべきです。

さらにいえば、店舗は、自社所有の施設ではなく賃借するものが大半ですから、物件が店舗候補になった時点から、従業員の安全を確保できるものか否か、リスクアセスメントを行うことが必要です。

とかく店舗開発部門は、営業的見地から判断しがちです。

もとより店舗は、営業的見地からの判断が最も大事でしょう。だからそのこと自体は、否定すべきではありません。

しかし、その営業的見地からの判断に付加して、そこで働く従業員の安全が確保できるか否かの判断も大変重要です。

冒頭に具体的な企業例を示したように、安全衛生の確保は、企業業績の基本を支えるものです。

企業が発展するためには、安全衛生の確保は必要不可欠だからです。

ところが、残念なことに、店舗開発部門は、営業的見地からだけで店舗開設の適否を考えがちです。

そこで、店舗を開設するときに考慮すべき基本的な事項を定め、開設しようとしている店舗が、定められた基本的な安全衛生にかかる事項を満足しているかどうか確認すべきです。

その基本的事項は、後述する安全衛生の具体的対策が採りうるものかどうかです。

店舗の構えの重要性

具体的な安全確保のチェック項目は後述するとおりですが、その中で最も重視すべきものは、店舗の構えです。

私は長い間、労働基準監督官をしていましたが、監督対象の事業場に赴くときは、徒歩で行くようにしていました。

そしてこれは、私だけでなく、多くの労働基準監督官がそうでしたし、今でもそうでしょう。

何のためか？

それは、事業場の構えを見るためです。

遠くから、どのように従業員を迎えようとしているかを見るためです。

美しく迎えようとしているかどうかです。

そして、門を入りアプローチを見ます。

それから作業場にどうしたら入れるかを見ます。

これは何を見ているかというと、一言でいうと通路です。

通路の美しさを見ているのです。

いかがでしょうか。

私は多くの企業を訪問してきましたが、発展する企業、発展している企業、多くのお客様が訪れている店舗、繁盛しようとしている店舗、これらいずれも一見して美しく、かつ従業員を温かく迎えようとしています。

飲食店が、お客様を温かく迎えようとしている印象をお客様に与えなければ、どうしてお客様が入店する気になるでしょうか。

お客様を温かく迎えなければならない従業員が温かく迎えられていなければ、どうしてお客様を温かく迎えられるでしょうか。

そうです。お客様を温かく迎える最初の仕組みは、従業員を温かく迎えることです。従業員が温かく迎えられているという印象を持つ最初のものが、店舗の美しさです。

店舗開設時のリスクアセスメントで最も重視すべきものは、美しさです。それが人を迎える温かさを印象づけるのです。

人を迎える美しさとは何でしょうか。

それは、アプローチの美しさと美しい通路です。

美しいものは、安全なのです。

これが人を迎える、店舗の構えなのです。

(2) 店舗の具体的な設計におけるリスクアセスメント

前記した「(1) 店舗における基本的事項の設定」の定める条件を満足しただけでは、店舗開設のリスクアセスメントとしては、十分ではありません。

なぜなら、店舗の状況は、当該店舗の地域における位置関係、厨房や客席の広さや状況の多様さ、予想される従業員の数などに応じ、千差万別だからです。

そのため、店舗開発部門が行う店舗設計にあっては、その設計段階において、リスクアセスメントを行うべきです。

この段階におけるリスクアセスメントは、安全における専門スタッフの参加が望ましいでしょう。

何が危険であるか、何が快適な職場の形成に適切でないか、どうしたら好ましい状況を実現できるかは、安全衛生の確保にかかる専門的知識が必要だからです。

どうしても、専門スタッフの参加が困難な場合は、詳細なチェック項目を定め、設計スタッフにあらかじめ必要なポイントを熟知させておくべきです。しかし、このような便法は、私はお勧めできません。中堅企業以上であれば、安全スタッフを養成し、万全を期すべきだと思います。

CAFE

第4章　店舗の安全管理組織

1　店長の役割

安全衛生は企業全体で行うべきで、企業全体として一糸乱れぬ統一的な行動が必要です。しかしだからといって、地方に散らばる店舗の店長の役割の重大さは、いささかも減少しません。

むしろ、全国統一的に安全管理を行うべきだからこそ、さらにその役割は重要になっています。

前述したように、労働安全衛生法は、企業全体に適用される条文はほとんどありません。むしろないといっても差し支えありません。労働安全衛生法は企業全体でなく、個々の店舗ごとに適用されているからです。

だから法令上の義務は、すべて店長の双肩にかかっているといってよいでしょう。

(そうはいっても、本社や企業トップの法令上の義務が減少されるものではなく、店長にそのような業務を行わせることが本社や企業トップの義務でもあり、それを行わせなければ、労働安全衛生法上の措置違反を免れることはできません。)

労働安全衛生法上の義務だけではありません。

むしろこの法令上の義務は、店長が負っている安全確保義務のごく一部といってよいでしょう。

かつて私は旧労働省の職員だったころ、ＥＣ（当時は現在のＥＵ、すなわちヨーロッパ連合ではなく、ＥＣと略称するヨーロッパ委員会でした。）の事務局の安全衛生課長と懇談する機会がありました。

その方は、世界で最初に工場監督官制度を作ったイギリス出身の方でした。

だから、イギリスの考え方であったろうと思いますが、トップの負うべき安全確保義務は、法令の義務からだけでなく、ひとつの組織のトップという地位に基づいて、条理上当然に負うべき義務だということをいっておられました。

私もそのように思います。

店長は、店舗のトップとして、多数の人間を一定の目的のために動かし、管理する。そこの部下たる多数の従業員は、その指示に基づき業務を一心不乱にこなす。

店長以外の従業員は、多かれ少なかれ店舗業務の一部を担当するだけです。

一部を担当するのみの店長以外の従業員は、店舗業務の全般を俯瞰《ふかん》しつつ、全職員の安全を確保することは、きわめて困難です。不可能といってよいでしょう。

そうです。千変万化する店舗の日常業務の中で、そのような従業員の安全を守る能力を持っている者は、店長以外にはいないのです。

そのような能力を持っているからこそ、店長という地位についているのです。

店長は、労働安全衛生法の事業者の代わりを行って、法令上の義務をすべて行い、従業員の安全を確保するだけでなく、店舗のトップとして、すべての情報を総合勘案して、その全能力を上げて、従業員の安全を確保するすべての行動を行うべきです。

それが、店長の役割です。

店長がすべての安全確保義務の第一番目の義務者です。

2　衛生管理者・衛生推進者の選任と届出

店舗の安全管理組織は、事業場として常時使用している従業員が50人以上か、未満かで大きく異なります。なおこの従業員の数には、正規従業員だけでなく、パートタイマーも含んでカウントされます。

50人以上であれば、法定の資格を持ったもので、店舗に専属する衛生管理者（注）の選任が必要ですし、選任したら所轄の労働基準監督署に対する届出が必要です。

（注）衛生管理者の法定の資格

衛生管理者になれる法定の資格については、詳細が衛生管理者規程（昭和47・9・30　労働省告示第94号）の中に定めてありますが、飲食店に専属する衛生管理者としては、第2種衛生管理者免許試験に合格したものを当てるのが適当であるし、実際的でしょう。

試験合格者がいない場合には、店舗の従業員の中から適切な人に、受験してもらい資格を得るように措置されることをお勧めします。

私としては、店長がこの資格を取って自ら衛生管理者に就任するのが適当と思います。

多店舗展開の飲食店であれば、店長就任の資格のひとつに第2種衛生管理者免許試験の合格を求めるのも適切ではないでしょうか。

なお、この試験は次の協会で、全国各地で年に数回実施しています。具体的な日程については、ネットで検索すれば詳細が出てまいります。

（公財）安全衛生技術試験協会
〒１０１－００６５
東京都千代田区西神田３－８－１　千代田ファーストビル　東館９階
ＴＥＬ　０３－５２７５－１０８８

なお、従業員が10人以上50人未満であれば、衛生推進者の選任（注）が必要ですが、これについては、届出は必要なく、その氏名を作業場等に掲示することで足ります。

（注）衛生推進者の資格

資格は「都道府県労働局長の登録を受けた者が行う講習を修了した者」とされています。

この講習は様々な団体が実施していますので「衛生推進者講習」でネット検索すると、当該店舗近辺で便利な講習実施機関が見つかるでしょう。

3　安全管理者・安全推進者の選任

飲食店での安全管理者もしくは安全推進者の選任は、労働安全衛生法は義務としては要求していません。したがって、法的には必要がありません。

しかし繰り返し申し上げたように、飲食店の労働災害は、建設業よりも多数発生しています。衛生管理も必要ですが、それ以上に安全管理が重要です。

私としては、安全管理者あるいは安全推進者の選任を強くお勧めします。

その場合、飲食店では、店長を任命するのが適当でしょう。

店長は、前述したように労働安全衛生法により、事業者として「安全管理者・安全推進者」以上に安全の責任を負っています。だから、必要ないといえば必要ないのですが、安全管理をこれから始めようとする企業、あるいは、さらに活発化しようとすれば、当事者意識を高めるために、店長を安全管理者に任命するのはとてもいい方法です。

50人以上の規模では安全管理者、50人未満であれば安全推進者という名称でいいと思います。

4 産業医の選任とその職務

従業員が50人以上であれば、産業医を選任し、①〜⑦の項目を行わせるとともに、所轄労働基準監督署長に届け出ることが必要です。

また、産業医には毎月1回以上店舗を巡回させ、作業方法または衛生状態に有害の恐れがあるときは直ちに必要な措置を講じさせなければなりません。

① 健康診断および面接指導等（この項に関しては、改めて後述します。）
② 作業環境の維持管理に関すること
③ 作業の管理に関すること
④ 労働者の健康管理に関すること
⑤ 健康教育、健康相談、その他労働者の健康の保持増進を図るための措置に関すること
⑥ 衛生教育に関すること
⑦ 労働者の健康障害の原因の調査および再発防止のための措置に関すること

5　安全衛生委員会の組織化とその活動

従業員の数が50人以上であれば、衛生委員会の組織化とその活動が必要です。

衛生委員会は労働安全衛生法による義務ですが、安全委員会に関しては、義務化していません。

しかし、私としては、安全を含めた合同の委員会として、安全衛生委員会の組織化とその活動の活発化を強くお勧めします。

飲食店の状況を勘案すると、衛生委員会よりは、安全委員会の活発化がとても必要と思います。衛生委員会の設置は義務化されていますので、義務化された衛生委員会を、安全衛生委員会として安全活動を併せて行うのが適切です。

安全衛生委員会の開催頻度

安全衛生委員会は、毎月１回以上開催することが必要です。

安全衛生委員会の委員の構成

委員は次の構成となります。

① 店長
② 安全管理者・衛生管理者
③ 産業医
④ 店長が指名する従業員若干名

ただし、ここで指名する委員は、店長以外の委員の半数は、店舗の従業員の過半数で組織されている労働組合がある場合はその労働組合、過半数で組織する労働組合がない場合は従業員の過半数を代表する者の推薦に基づいて任命する必要があります。

安全衛生委員会の委員数は、法定されていません。しかし、制度の趣旨を考慮すると、店長が衛生管理者を兼ねている場合が最低の委員数となり、その場合が3人です。

店長が衛生管理者（安全管理者を含む）を兼ねている場合は、企業側の委員は店長1人、産業医1人の計2名ですので、労働組合等の推薦を要する委員は最低1人となります。

しかしこの構成は、法定すれすれですので、具体的に適当な委員の構成は、店長以外には、産業医を含めて４人以上が好ましく、かつ必要となるでしょう。

この４人以上の場合は、店長、産業医、店長が適切とする従業員が１人、労働組合等が推薦する従業員が２人となり、計５人の構成となります。

6　店舗における安全衛生管理組織

店舗における安全衛生管理組織は、シンプルなものにしてください。
それは、次の形になります。

この形で最も大事な部分は、店長から店長補へ、店長補から従業員へと指揮系統が作られていることです。

この指揮系統図で注意していただきたい点は、産業医と安全衛生委員会が指揮系統・ラインに入っていないということです。

その意味は、店長がその下位の者に対する指揮をするにあたって、アドバイスをする機関として位置づけられているということです。

また、職位を店長、店長補、従業員の3種類にしていますが、これは私の知るところ、飲食店の多くは店長の下に1ないし2、3人の店長補がいて、その下に、アルバイターとしてパートタイマーの職種の方がおられる場合が多いようです。

なお、店長補というのは、アシスタントなどと呼ばれている方で、要するに店長不在の折に店長の代わりをする方です。大体ここまでの方が、正規の従業員となっている場合が多いようです。

ただ、パートタイマーでありながら、この地位にいる人も多いようです。今後は、そういう方が増えていくようですし、多様な働き方が求められる時代に入っていますので、好ましい方向だと思います。

このパートタイマーのまとめ役として、リーダーが数人おられる場合があります。その場合は、店長補の下に、あるいは店長補と同格の職種として、安全衛生の指揮系統にも反映する必要があります。

繰り返しになりますが、この組織は、あくまでも現実の日々の業務の指揮系統を基礎として、そこに安全衛生委員会と産業医を付加して、その役割を表示したものに過ぎません。

安全管理組織は、通常の業務の指揮系統をそのまま使えばいいのです。

そのまま使うべきです。

第5章　安全衛生確保措置で最も大事なこと

1　安全衛生確保とは何か

安全は表現すること

店長に、「あなたの店では安全衛生は確保されていますか？」とお尋ねすると、自信のある方は5Sのあり方を滔々《とうとう》と述べられる。

またある方は、従業員への教育のあり方を熱意をこめておっしゃる。

これらはすべて正しいことです。私もまたその必要性について後述いたします。

しかし、それよりももっと大事なことがあります。

それは、**安全管理は必要であること、熱心にやるべきこと、心をこめてやっていること**、を表現することです。

周囲の人にわかるように、表現しなければなりません。

十分に表現しさえすれば、安全管理は、その目的を半分は達成してしまいます。

この本の冒頭に、様々な先達のことを縷々《るる》ご紹介申し上げました。

ＵＳスチールのゲーリー社長は安全第一と表現しました。

古河鉱業所の小田川全之所長は安全専一と主張しました。

海軍軍人は「安全はあなたを守る　国守る」と掲示しました。

不二家の山田憲典会長は、「安全は愛」とおっしゃいました。

これらはすべて、自分の安全に関する思いを表現したものです。


大事なことは、**安全を自らの言葉で表現する**ことです。

自分の言葉で表現したからこそ、これらの言葉が力を持ったのです。

魅せる安全・劇場型安全

私の尊敬する某企業の現場責任者（この方は建設業の現場所長さんでした。）の方は、「魅せる安全」「劇場型安全」と称して、安全の表現を最大限にしようとされています。

この方によると、**作業場所は劇場**、**従業員は俳優**なのです。

だからこそ、建設現場に近所の人が見学できるお立ち台（と称しておられます。）を設置し、いつでも近所の人や第三者が工事の状況を見学できるようにしておられます。

他人に表現するからこそ、現場はゴミひとつなく、従業員は服装に気を遣い、理想的な安全行動をするようになっています。

その結果、安全成績はもとより、工事の進捗状況はとても優秀で、どこでも大変な好成績を挙げておられます。

しばしば施主から表彰され、なかんずく、工事現場の周囲にある町内会からも感謝状を授与されたりしておられます。

寿司屋の美しさ

このようなやり方は、「安全を表現すること」の特殊な例であるかもしれません。

飲食店では、無理だとおっしゃるかもしれません。

でも、本当にそうでしょうか。

飲食店で最も災害の多い場所であり、最も美しくない場所は厨房です。だから厨房をお客様に見せることは躊躇される場合が多いのでしょう。

しかし、和食の飲食店で最も高価な料理のひとつである寿司屋さんは、厨房こそその店の「売り」になっています。

優秀な寿司職人の立ち姿・振る舞いは、美しい歌舞伎役者のようです。

彼らは、包丁を常時研ぎ、磨き上げ、決して粗末にはいたしません。

その他の道具も、常に美しくしていて、整理・整頓されています。

もちろん、カウンターの向こうの調理場は、ゴミひとつありません。

床は清潔そのものです。

服装も定められたものをきちんと着こなし、額には、手ぬぐいを細く絞ってきりりと締めておられます。これは伊達でもなんでもなく、汗が料理に落ちないようにしておられるのです。

新鮮な魚は、決して無造作には置いてありません。

職人が握りやすい場所でありながら、かつ、お客様が見て美しい、食べたいと思うように、独特の並べ方になっています。

そして、注文に応じて、魚を包丁で美しく切り、寿司米を握り、わさびをつけて、お客様に差し出す。

そこには無駄な動きは全くなく、すべてが流れるような美しい動作となっています。

すべてが、寿司を握るという作業に便利なように整理整頓され、作業行動そのものがお客様に美しく見えるように、詳細に躾られているのです。

そうです、これが5Sの究極の姿といっていいでしょう。


この寿司屋の美しさは、5Sすなわち「安全」を表現しているのです。

そして同時に、食の安全をも表現しているために、生ものでも安心してお客様は口に運び、高額の料金を払って満足するのです。


これらは理想的な「安全の表現」方法ですが、これにこだわることはありません。

これ以外でも、十分可能な表現方法があります。

従業員に安全をアピールすること、休憩室に安全標語を貼ること、始業前に当日の安全事項を示すこと、従業員の目の前で店長がゴミを拾うこと、物の置き方が美しくなかったら自ら整頓すること、設備のゆがみを直すこと、ポスターをきちんと貼ることなど、職場や休憩室を美しくすることは、すべて「安全を表現すること」なのです。

そうです。安全を表現してください。

安全を表現して、それからあなたの職場の安全が始まるのです。

2　5S（整理・整頓・清掃・清潔・躾）の重要性

次に、安全衛生にとって大事なものは、５S（整理・整頓・清掃・清潔・躾）です。

(1)　整理

整理とは何か

整理とは、すべての物を必要性に応じて、置く場所を決めることです。

ここで注意していただきたいことは、職場にあるすべての物は何らかの理由があって、存在しています。

極端にいえばゴミだって、理由があってそこにあるのです。

だからといって、そのままそこに置いていい理由にはなりません。

私は訪問先で、よく言い訳を聞きます。多くの人が、職場が狭くて整理が難しいとおっしゃいますが、これは間違いです。

職場が狭いのではないのです。

整理が悪いから、職場が狭いのです。

今日使う物だけを置く・要る物以外は置かない

どの職場も、作業場所はとても狭い空間です。

その狭い空間に物を置くのですから、理由があるというだけでは、そこに置いてはいけないのです。

作業場所に置いていいのは、今日使う物だけです。

したがって、要る物とは当日使う物だけで、それ以外は要らない物です。

職場にある物は、理由があって存在しています。

だから、それらはいつか要る物となります。それが明日なのか、来週なのか、来月なのか、来年なのかの区別があるだけです。

しかし、これらは当日は要らない物ですから、作業場所ではなく、これらを保管する場所に保管するべきです。

繰り返します。当日使わない物は、作業場所に置くのではなく、保管場所に保管するべき物です。

整理は捨てることから始める・いつもある物は、見えていない

私は訪問した先で、不思議な物をよく見ることがあります。

その物が何のためにあるのか、担当者にお聞きすると、その方もなぜあるのかと首を傾げられます。

つまり、その職場では、必要のない要らない物なのです。

しかし、はるか以前からある物なので、そこにあるのが当然だと思っているのです。

毎日見ている物は、実は見えていないのです。

そこにあることが当然だから、そこにあっても不思議に思わないのです。

これは論外です。

ここで、あえて申し上げます。

職場に何があるか、見るべきです。もし要らない物があれば、まず捨てるべきです。

整理は作業場所と物を置く場所・保管場所の分離から

当日使わない物は、作業場所に置いてはいけません。

したがって、その日に使わない物は原則として倉庫に置きます。

そうすると、まず倉庫が必要です。

倉庫というと、皆様は、作業場所から遠く離れた独立の蔵のようなものを思い浮かべるでしょう。

それも倉庫ですが、ここでいう倉庫は、作業場所でなく物置場・保管場所となっているところも意味します。

もし、恵まれた職場で倉庫が付設されているなら、当日必要でない物はすべて倉庫に置くべきです。しかし、倉庫が狭くて倉庫的な場所を別に設置しなければならないのなら、作業になるべく邪魔にならない場所を選定し、そこを保管場所と指定して、そこだけに物を置くようにすべきです。

整理はすべての物のリストアップから

物を整理するためには、職場に必要なすべての物のリストアップが必要です。厨房の包丁の数から、ゴミ箱までです。

リストアップしたら、その物が現在どの程度の量あるかを検証します。

そして、その物の使用頻度、使用場所を明らかにします。

そしてまず、作業場所に置くべき品目と数量、保管場所に置くべき品目と数量を決定し、明らかにします。

そうです。これは物品台帳です。

そんなことぐらい、台帳化しなくてもわかっているよとおっしゃるかもしれませんが、もしないのであれば、ぜひ作ってください。

私が訪問した店舗で、台帳のない多くの店舗では、実に多量の不要物品、多すぎる数量の物が置かれています。

これらが、狭い職場をさらに狭くしているのです。

使う頻度の高い物から、作業者の傍に置くこと

すべての物は、作業者が使うものです。

したがって、物は使う作業者が便利なように置くべきです。

作業者にとって便利な置き方とは、作業者が動かなくても、必要な物が使える状態が最も便利です。

作業者が使う頻度の高い物が、作業者の近くにあるほうが便利です。したがって、動かなくても使えるように、使う頻度の高い物から近くにあるように配置すべきです。

これは、あたりまえのことだと思われるでしょう。

そうです。あたりまえのことですが、これがそうなっていない店舗が多数あります。

なぜ近くに置かないのか、作業者ですら気がついていないのです。

古くからそこに置いてあるから、そこに取りに行くのがあたりまえになっているから、などの理由でそのままになっています。

物の置き場所は管理者である店長が定めること

職場では多数の人が働いています。物は多くの人が使います。これを従業員の好みに任せていては、その職場で実質的に声の大きい人や押しの強い人の好みになってしまいます。声の大きい人には便利かもしれませんが、それ以外の多くの人にとっては不便な物の置き方になります。

不便な物の置き方は、安全でありません。安全でないだけでなく、全体の作業にとって効率的ではありません。

全体の作業を俯瞰《ふかん》し、作業者全員にとって最も効率的で便利な置き方がわかるのは、店長しかいません。

したがって、物の置き場所は、店長が定めなければなりません。

そうすると、店長はすべての物の利用の仕方、すべての作業者の作業内容や行動のすべてを知っていなければなりません。そうです。大変な仕事です。しかしそれができるからこそ、店長なのです。

物の置き方は、作業者の作業位置、作業内容の分析と作業者の動線の決定から始めること

物の置き方は、作業者が最も便利となるように決めるべきですが、作業者の便利さを決めるためには、作業者の作業場所、作業内容、作業中の移動とその頻度などを詳細に調べ上げ、その内容に応じて、物の位置を定める必要があります。

この動線の決定に関しては後述しますが、物の位置は、すべての従業員の動線を決定し、その動線に応じて決める必要があります。

(2) 整頓

定められた場所に、定められたとおりに置くこと

整頓とは、定められた場所に、定められたとおりに置くことです。

したがって、整頓するためには、整頓になるように、置き方を定める必要があります。

置き方が定められていないと、整頓することは不可能です。

私が訪問する店舗で整頓されていない理由は、ほとんどの場合が、置き方が定められていないからです。

整頓とは、美しく置くこと

置き方の定め方は簡単です。

すべての物を、

①　美しく置くこと

②　直線と直角になるように置くこと

と定めたらいいのです。

美しく置くこととは、見て美しいということです。

美しく見えるかどうかは、置く場所と、置く物の相関関係によって決まりますが、見て美しい置き方はひとつしかありません。

その美しい置き方を、すべての物について、すべての場所について定めてください。

これは大変だとお考えかもしれませんが、人間は誰でも、美しい置き方は決まっています。

繰り返しますが、それはひとつしかありません。

直線と直角に置くこと

物を、床や棚などの平たいところに置く場合、その置き方に凸凹があってはいけません。物の並べ方は、直線であるべきです。

また、直角に置くようにしてください。

直線と直角に置くとは、物を置いた場所を上方から見た場合、置いた形が、正方形や長方形になることです。横から見ても、正方形や長方形に見えなければなりません。

物を、壁等に吊り下げておく場合も同様です。

物を置いた形が、直線でそろえられ、長方形や正方形になるように配置してください。

なぜ直線と直角に置くべきなのでしょうか。

それは、人間は、直線と直角に本能的に安心を感じるからです。

曲線であったり、直角でない場合は不安を感じやすいのです。

私の家内は、不動産屋を営んでいますので、私も時々手伝います。私は宅地建物取引主任者でもあるのです。その知識でいうと、宅地は直線と直角で構成されている土地が最も高価に取引されます。不整形地は安いのです。それは、人に不安感を与えるからです。

古今の名画を見てください。すべて正方形か長方形の額に収まっています。そうです。

直線と直角で構成された形が最も美しく見え、人に安心感を与えるのです。

(3) 清掃

清掃とは、掃除をして、職場を清々しくすること

掃除とは、床や壁や、作業台等の職場に存在するものを、あるべき状態に戻すことです。

したがって、床を箒や掃除機を使って埃を取ることだけではありません。

床なら、その本来の姿に戻すことですから、床に油が付着していたり、水で濡れていてはいけません。

特に厨房は、油が床につきやすくなっています。

油が床に付着していると、大変すべりやすくなります。拭き取るべきです。

また、厨房の床は、水場というぐらいですから、濡れているのが当然という感覚もまだなく

なっていません。

水場とはシンク、すなわち洗い場だけをいうのであって、厨房全体をいうのではありません。だから、床は水場ではないのです。水場でない床は濡れていてはいけません。床を水で流せば、水は拭き取るべきです。

物や原材料が、正方形や長方形に置いてなかったり、美しく置いてないことを発見した場合には、正しく置き直すことも清掃のうちに入ります。

これらすべてを真摯《しんし》に行って、初めて職場は清々しくなるのです。

(4) 清潔

清潔とは、衛生的であり、かつ、衛生的であると見えること

飲食店は、もとより衛生的でなければなりません。

衛生的でない飲食店は、存在を許されていません。

まったく当然のことですが、ここでいう清潔は少し意味が違います。

ここでいう清潔とは、衛生的であると同時に、衛生的であると見えることをいいます。

衛生的であるというのは、感染症にかかる恐れがない状態をいいます。

感染症にかかる恐れのある状態とは、病原性細菌等が存在している状態ですが、もとよりこれらは存在していてはなりませんが、ここでいう清潔とは、「病原性細菌等が存在していないように見えること」をいいます。

病原性細菌等は人間の目に見えないので、病原性細菌等が繁殖する恐れがないような状態にあることを、「清潔」な状態といいます。

そのためには
① 職場のあらゆる場所に埃がないこと
② あらゆる場所に「たまり水」がないこと
③ 小さな「ゴミ」が放置されていないこと、特に生ゴミがキチンと処理されていること
④ 換気扇、換気扇のろ紙・ろ綱、シンク等に油汚れがないこと
⑤ 調理器具が美しく磨かれていること
⑥ 包丁の柄、まな板等の木製部分に汚れがないこと

⑦　客席のテーブルが美しく拭いてあること
⑧　厨房の床はもとより、客室内の床が美しくなっていること
⑨　照明器具に埃が見られないこと
⑩　すべての開閉扉に手垢がついていないこと（特にドアの取っ手の周りに注意してください。汚れて汚くなっている場合が多くみられます。）
⑪　各種スイッチ類とその周りが、手垢で汚れていないこと
⑫　厨房、トイレ、客室の窓枠・ガラスに埃や汚れがないこと
⑬　生花、植木がみずみずしいこと
⑭　傘入れの底が汚れていないこと
⑮　従業員のエプロン、制服に汚れがないこと
などが必要です。

これ以外にも、それぞれの店舗で気をつけることは、多数あるでしょう。

何に気をつけるべきかは、チェックリストを作り、見落としがないようにする必要があります。

(5) 躾

５Ｓの最後が「躾」です。

最後ですが、５Ｓの最も大事なものが「躾」であり、この躾が、５Ｓのすべてを表現しています。

最近、子供を虐待する親がいます。とても信じられないことですが、一様に「躾」だったといいます。虐待された子供は、暴行の果てに体のあちこちに青あざを作り、ついには命を落とすことさえ稀ではありません。

これは躾ではありません。単なる虐待です。

躾という字は、「身」と「美」で構成されています。「身体」を「美しくする」と書くのです。

しかし、「躾」だといって暴力をふるう親の行為は、子供を美しくしません。

５Ｓでいう「躾」は、これの真逆であるべきです。

まず、職場を美しくすることが「躾」です。

そのためには整理・整頓・清掃・清潔です。

その必要性、その効果については、もうすでに詳細に述べました。

繰り返すことを避けますが、「躾」の最も大事なものが、整理・整頓・清掃・清潔にあります。

そして、従業員を美しくすることが「躾」です。

それには職場にルールを定め、そのルールに従って行動するよう教育することが必要です。

寿司職人は美しい

寿司屋の職人さんの姿かたち・行動を思い出してください。

美しい制服姿で一点の無駄もない、流れるような手捌きです。

彼らは修行僧のように寡黙ですが、客の問いかけには、言葉少なく実に的確に、真摯に答えてくれます。

私たちは、寿司屋では食べ物を楽しんでいるのか、職人さんたちの行動を楽しむために入店しているのか、わからないくらいです。

この美しさは、どうしたことでしょうか。

江戸時代以来、入念に考えられ、その細部まで伝統によって作り上げられたものだからです。

それは、歌舞伎の美しさであり、能舞台上の仕舞の美しさにも通じています。

とび職人は美しい

町を歩くとび職人さんを思い出してください。独特のズボンをはいて、胸を張って歩いています。腰には、安全帯を巻いています。

とび職は日本独特の職業です。彼らは、日本にしかない高所作業の熟練工です。安全帯を使わなくても、墜落することはまずないでしょう。

しかし彼らは、ベテランであればあるほど、確実に安全帯を使います。

東京タワー、スカイツリーの建設も彼らが活躍しました。

彼らは、世界で最高の技能を持つ高所作業のベテランなのです。

その彼らが、低層階から確実に安全帯を使っています。

それはなぜか。

それを使う姿が美しいからです。

彼らは自分自身を「躾」ているのです。

とび職の木やりの美しさ

皆様はとび職の人々の「木やり」を、お聞きになったことがあるでしょうか。

ぜひお聞きになるように、お勧めします。

老いも若きも、江戸時代以来の伝統的な法被《はっぴ》姿で、集団で歌います。

腹に響く力強い低音、哀切にさえ聞こえる澄み切った高音、これらは、すべての働く人々の喜びと悲しみを表現しているように思います。

世界に類のない、日本独特の芸術です。

働く人は美しい

寿司職人ととび職の人たちには、働く人の究極の美しさがあります。

しかし、美しいのは、寿司職人やとび職の人たちだけではありません。

働く人は、すべて美しいのです。

それは「躾」から生まれます。

第6章　安全確保の具体的手法

この本の約半分のスペースを使って、安全の基本を申し述べました。

実は以上で、安全のほとんどすべてを申し上げたのと同じです。

以上をご理解いただき、皆様の店舗における安全確保措置を自主的にお考えいただければ、必要なすべてがおのずから明らかになりますし、実は、それが皆様の店舗における、最もすばらしい措置でもあります。

しかしながら、労働安全衛生法という法令の規定もあり、最小限この法令の定めをクリアしないと処罰される恐れすらあります。

加えて、私がこれまでに訪問した飲食店舗やその他の産業で経験した安全措置の必要不可欠な部分のみを、以下に記したいと思いますので、これらを参考に具体的な店舗の安全措置を決定されるようにお勧めします。

1　安全教育

まず必要なことは、教育です。

これまで申し上げたことは、すべての従業員が知っておく必要があります。

しかも、これらは単なる一般論です。

これをベースにして、新たに行われることが安全管理です。

安全管理は、最低でも本項「1　安全教育」から「13　救急用具の備付け」までの事項が必要です。

(1)　店長教育

①　店長の法的責任にかかる教育

最も大事なものは、店長教育です。

店長が、安全が必要であると思わなければ、安全は始まりません。

労働安全衛生法上の責任

しかも、店舗内で発生するすべての安全の問題に関する法的責任は、まず最初に店長が負うことになっているからです。これが労働安全衛生法の基本的な考えであり、仕組みです。

刑法上の責任

店舗で発生した労働災害について、刑法上の業務上重過失致死傷罪の適用がある場合、まず最初の被疑者として考えられるのは、店長です。

民事上の責任

民事上の損害賠償責任が問われる場合であれば、店舗を運営する企業とともに共同不法行為責任を追及される恐れが十分にあります。

以上のように、店長が、わが国の法律体系上、安全確保のキーマンであることを十分認識させ、自覚させるべきです。

② 店舗従業員の作業方法の決定（作業標準の定め方にかかる教育）

店舗におけるすべての従業員の、すべての作業内容は、企業が指示します。

なぜなら、労働契約は、従業員は労働時間内、企業の指示に従った行動をするという約束だからです。

従業員にとっては、企業の指示に従った行動をすることが「働く」ということなのです。

この場合の企業の指示は、店舗においては、店長が行います。

店長以外に、企業を代表して指示できる人はいないからです。

したがって、店舗内における従業員の行動のすべては、店長が指示しなければなりません。

そして、その内容は、店舗の運営において最も効率的で、最も成果の上がるものでなければならず、しかも安全でなければなりません。

そして、店舗の運営は、それぞれの従業員がそれぞれ異なった能力で、異なった立場で、異なった業務に従事していますが、これらすべての業務がそれぞれ相関連して、全体として一人の人間のように、全体的に統一されたものでなければなりません。

そして、この場合の中枢部門は、店長です。

店長のみが全体を把握し、全従業員の業務の意味と内容を理解しているのです。

だからこそ、個々の従業員の業務の内容は、店長が決めるべきものですし、店長以外では無理です。

したがって、店長は、従業員すべての作業標準を作らなければなりません。作るべき作業標準は、従業員の行動のすべてです。

だから、直接の作業だけではありません。

たとえば、調理員であれば、調理作業だけを決めればいい、というものではないのです。

店舗従業員が店で行うすべての行動について、決定する必要があります。

なぜなら、労働時間内におけるすべての従業員の行動は、明示的・黙示的に店長の指示によるものとみなされているからです。

店長が、そんなことは指示していない、従業員が自分の考えでやったものだと主張しても、法廷では全く通用しません。これを法律用語では、「黙示の指示」といいます。

仮に店長が、強く禁止していた行動があったとしましょう。それをあえて従業員が行っても、一度でもそれを黙認した場合があれば、店長の強い指示はその時点で廃止されたとみなされる恐れがあります。

すなわち、店長は、店舗従業員のすべての行動について、そのあり方を定める必要があります。

そして、その要点を文書で定めなければなりません。

そうしないと、従業員への指示が十分でなくなるからです。

また法廷では、口頭の指示は証明が極めて困難ですが、文書で指示がしてあれば、証明は容易です。

そのために文書化するというのは邪道ですが、従業員にとっても文書で指示があれば、繰り返し文書を読んで確実な記憶にすることができます。

これはすなわち、一般に作業標準といわれているものです。

そうすると、文書で指示すべき「作業標準」は２種類あります。
イ　出勤から作業を始めるまでの行動と作業終了から退勤までの行動にかかる作業標準
（基本的作業前後の作業標準）
ロ　従業員の担当する基本的作業にかかる作業標準
の２種類です。

そのうち、前記イの作業標準の内容について、必須項目を記述すると次のようになります。

基本的作業前後の作業標準の定め方

・店舗従業員が出勤したらまずどこに行くか
・どこで着替えるか
・どのような服装、帽子、履物であるべきか
・どこでタイムカードを打刻するか
・どこから労働時間が始まるのか
・どこで休憩するか
・働く場所はどこか
・どのようにして働く場所まで行くか、その経路と注意事項
・どこで労働時間が終了するか
・移動時（廊下、階段における危険箇所（つまずき・すべり箇所の明示））における注意事項

などです。

基本的作業にかかる作業標準の定め方

基本的作業は、それぞれの店舗での具体的内容が異なりますので、一概にそのモデルをお示しすることは困難なので、その基本的な考え方をお示しします。

イ　作業の細分化

まず作業をできるだけ細かく細分化します。

ロ　細分化された作業ごとに基本的な動作の決定

細分化された作業ごとに、最も効率的な、成果の上がる作業方法を定めます。このときに最も必要なことは、どうしたら美しい作業方法になるかを気にしてください。美しい作業は、最も効率的で、最も素晴らしい成果を生みます。

ハ　細分化された作業ごとの危険性の洗い出し

細分化された作業ごとに、どのような危険があるか、できるだけ明示し、その危険性の予防方法について、規定します。

ニ　緊急作業標準の明示と緊急作業の報告

その作業における危険性が具体化したら、緊急作業が必要になります。この緊急作業の例としては、揚げ物中の油に火が入ったような場合です。

この緊急作業は、最も労働災害が発生する危険性の高い、非定常作業となります。

したがって、この作業については、最も注意深く規定してください。

緊急作業における作業手順を細かく定め、事前に従業員に十分に教育しておくことが、危険を拡大しない最もよい方法です。

なお、この作業については、発生したら、出来るだけ早く、必ず責任者に報告するように定めてください。

ホ　細分化された作業ごとに使用する道具等の明示

道具等の使用方法について、明示します。

道具の危険性について明示し、その予防方法について規定します。

ヘ　細分化された作業ごとの整理整頓方法の明示

作業ごとに、使用した材料・道具等のすべてについて、整理・整頓・清掃・清潔にする方法を明示します。

整理・整頓・清掃・清潔は、特別にやるものではなく、作業中に常時行うべきもので、標準作業のひとつとして、細分化された各作業の中に、必要不可欠な作業として定めてください。

ト　作業開始と作業終了時の点検項目の設定

基本的な作業標準の最も重要な項目のひとつは、作業開始時と作業終了時の点検です。

作業開始時には、当日使用する機械等、原材料等、作業床状態、道具類にかかる点検が必要です。

また、作業終了後には、使用した機械類、道具類等にかかる整理・整頓・清掃・清潔にかかる点検も行う必要があります。

これらの点検については、点検のチェックリストを作り、従業員に点検させることが必要です。

この点検とチェックリストも、作業標準のひとつとして定めてください。

(2)　新規入店教育

新規に雇い入れた従業員に対する安全衛生教育を行う必要があります。

これは、労働安全衛生法では、雇入れ時の安全教育と呼ばれており、これを実施しないと法令違反となり、処罰される恐れがあります。

労働安全衛生法が定める内容は次のとおりです（なお、労働安全衛生法では一部省略が可能となっていますが、最近の災害発生傾向からすると、省略しないほうがいいでしょう。）

① 機械等、原材料等の危険性または有害性およびこれらの取扱い方法に関すること

飲食店舗では、スライサー、ミキサー、コーヒー抽出機、ガスコンロ、フライヤー、廃油等がこれに該当します。

これらにかかる作業については、すべて作業標準を定めておくことが必要です。

その作業標準を示しながら、その取扱い方法を説明します。

② 安全装置、有害物抑制装置または保護具の性能およびこれらの取扱い方法に関すること

安全装置としては、スライサーの刃部の接触予防装置、ミキサー回転部のカバー、コーヒー抽出機の容器が不意に外れることを防止するためのストッパー、ガスコンロの排気装置、フライヤー作業時の火傷防止のための手袋・前掛け、廃油運搬のための台車等がこれに該当します。

③　作業手順に関すること

前記したように、店長はすべての作業について作業標準を定めなければなりませんが、法令で定める「作業手順」は、この作業標準をいいます。

したがって、前記したようにすべての作業について、作業標準を定める必要がありますので、新規に入店した従業員については、その人が従事するすべての作業について、作成した作業標準を教示しなければなりません。

当然のことながら、前記の①および②についても、作業標準を定めているはずですから、これに基づいて説明すれば十分でしょう。

④　作業開始時の点検に関すること

労働安全衛生法では、作業開始時の点検のみを教育が必要なものとして定めていますが、作業終了後の点検も、作業開始時と同様に重要ですし、かつ、その内容は作業開始時の点検と不即不離の関係にあります。ぜひ一体のものとして、教育をすることが必要です。

その内容は、前記した作業標準の一環として定めておくべきですし、かつ、そこで定めて標準作業として教育すればそれで十分です。

⑤　当該業務に関して発生する恐れのある疾病の原因および予防に関すること

飲食店においては、食中毒等に関する疾病発生の予防に最も神経を使っておられるでしょう。これも大変重要で従業員教育が必要不可欠でしょうが、ここでいう疾病の予防は、従業員の職業性疾病の予防です。

飲食店における職業性疾病としては、様々なものがあると思いますが、代表的なものは、

- ガス中毒・一酸化炭素中毒
- 凍（死）傷
- 腰痛

などです。

ガス中毒・一酸化中毒の予防

飲食店で最も怖いもののひとつが、厨房でのガス漏れです。

その予防には、次の注意が必要です。

イ　ガス機器（ガスコンロ、瞬間湯沸かし器等）を使うときには必ず換気装置を動かすこと（ガス機器に局所排気装置が設置されていない場合は、必ず早急に設置してください。これは論外です。）

ロ　ガス機器・換気装置の点検を行うこと

ガス機器・換気装置は、日頃から点検が必要です。

厨房内のガスホース・換気装置のダクト類は塩分や湿気によって、損傷します。ダクト類は外れていたり、鳥の巣があったりして、換気能力が低下していることも稀ではありません。

また、ガス機器の空気取り入れ口にゴミ箱などの物品を置いておくと、吸気が十分でなくなり、不完全燃焼を起こします。

さらに、ガス機器の吸排気口や換気装置の吸い込み口は、油や埃等がたまりやすく、日頃より、点検・清掃が必要です。

なお、日常点検はチェックリストを作成して、従業員に点検をさせるべきです。

1年に1回は専門業者に点検を依頼することがベターです。

凍死症

飲食店での凍死症というと、驚かれるでしょう。

しかし、飲食店で死亡事故の可能性が高いのは、前記のガス中毒とこの凍死です。

凍死の場所は、冷凍庫です。

従業員が冷凍庫に入って、出られないようになると凍死するのです。

この予防のためには、2つの措置が必要です。

ひとつは、冷凍室から外に出る装置・ドアノブが水滴の凍結で回らなくなることがありますので、常に点検し有効に保持すべきです。

そこで、従業員には、冷凍庫の中に入るときには、冷凍庫内のドアノブが動作しているかどうか確認してから冷凍庫のドアを閉めるように教育し訓練してください。

もうひとつは、停電等で照明が消え、冷凍庫内の従業員がパニックになったり、あるいは、運悪く冷凍庫内で何らかの原因で動けなくなったりした場合の対処法が必要です。

これには、とても簡単な方法をとっている店舗があります。

その方法は、冷凍庫に入るときには、入っているという札を外部のノブに下げたり、あるいは、冷凍庫内に入るときは冷凍庫内に特別の履物を準備して（清潔を保つためにも必要でしょう。）、冷凍庫のドア外部に、外での履物を置かせる措置です。

内部に人がいるという表示の札やドアに履物が置いてある場合は、内部に人がいることの証拠ですから、それが長くなると、中をのぞいてみる等の措置を行わせてください。

腰痛

腰痛が職業性疾病となるのは、
・災害性の腰痛
・災害性の原因によらない腰痛
の2つです。

このうち、飲食店の従業員に発生する腰痛は、原則として、「災害性の腰痛」のみと考えていいでしょう。

この災害性の腰痛は、
○　重量物の運搬中に転倒した場合や、重量物を2人で持って運搬する際にそのうちの1人がすべって荷から手を放した場合のように、突然の出来事により急激に強い力が腰

にかかったことにより生じた腰痛

○　持ち上げる重量物が、予想に反して重かったり、逆に軽かったりする場合や、不適当な姿勢で重量物を持ち上げた場合のように、突発的に急激な強い力が腰に異常に作用したことにより生じる腰痛

などが、その典型例です。

なお、俗にいわれる「ぎっくり腰」は、日常的な動作の中で生じるので、たとえ仕事中に発症したとしても、職業性疾病ではなく私病です。これは誤解が多いので、気をつけてください。

雇入れ時に教えるべき内容は、次のようなものです。

イ　持ち上げる物の重量限度

・18歳以上の男性従業員は体重のおおむね40％以下
・18歳以上の女性従業員は、断続作業の場合は30キロ・継続作業の場合は20キロ以下で、かつ、体重のおおむね4分の1以下
・右記の重量を超える場合は、身長差の少ない従業員2人以上で行うこと
・18歳未満の男性・女性従業員は次表の制限以内

年齢および性		満16歳未満		満16歳以上満18歳未満	
		女	男	女	男
重量（単位　キログラム）	継続作業の場合	8	10	15	20
	断続作業の場合	12	15	25	30

ロ　作業姿勢、動作

- 重量物を持ち上げるときは、できるだけ体を対象物に近づけ、重心を低くすること
- 荷物を持ち上げるときは、片足を少し前に出し、膝を曲げ、腰を十分に下ろして、荷物を抱え、膝を伸ばすことによって立ち上がるようにすること
- 荷物を持ち上げるときは呼吸を整え、腹圧を加えて行うこと
- 荷物を持った場合は、背を伸ばした状態で、腰部のひねりが少なくなるようにすること

好ましくない姿勢

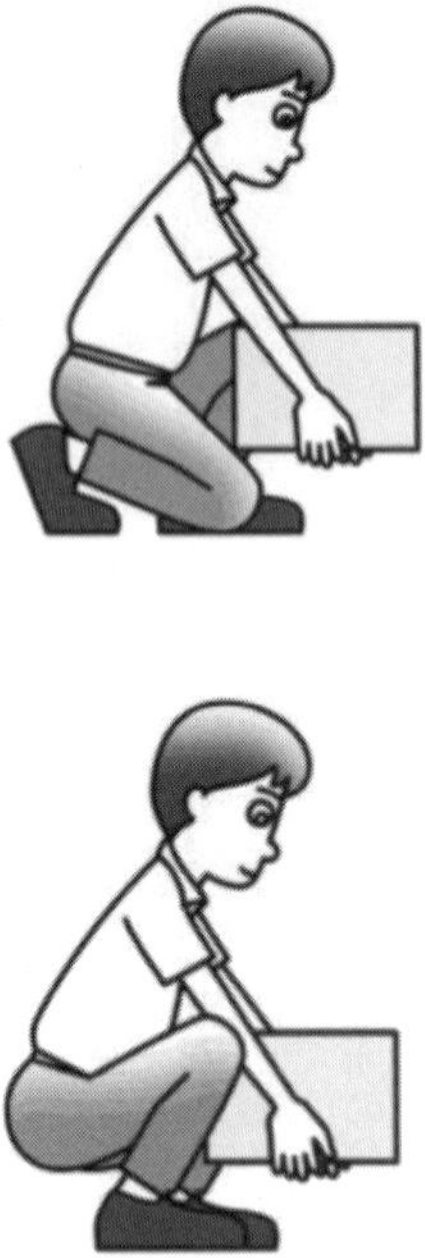

好ましい姿勢

「職場における腰痛予防対策の推進について」より
（平 25.6.18 基発 0618 第 1 号）

⑥　整理、整頓および清潔の保持に関すること

整理、整頓および清潔の保持に関することについては、その必要性の理由について、縷々《るる》申し上げました。

雇入れ時の教育としては、その必要性に重点を置き、強く教育を行うべきです。それと同時に、安全管理規定にその必要性を従業員の義務として定めるべきことは当然ですが、就業規則に、従業員の基本的な義務として1条を使って、規定することをお勧めします。

雇入れ時の教育としては、最低次の項目を教えてください。

イ　整理

- 整理とは、すべての物を必要性に応じて、置く場所を決めること
- 今日使う物だけを置く・要る物以外は置かないこと
- 整理は捨てることから始めること
- 整理は、作業場所と物を置く場所・保管場所の分離から
- 当該従業員が使う物品のすべてについて、リストを示し、置き場所を明示すること

ロ　整頓

・定められた場所に、定められたとおりに置くこと

・整頓とは、美しく置くこと

・直線と直角に置くこと

ハ　清掃

・清掃とは、掃除をして職場を清々しくすること

・掃除とは、床や壁や、作業台等の職場に存在するものを、あるべき状態に戻すことで、床を箒や掃除機を使って埃を取ることだけではないこと

・床は水・油を拭き取ること

・物や原材料を、正方形や長方形に置き直すこと

ニ　清潔

・清潔とは、衛生的であり、かつ、衛生的であると見えるようにするために、次の事項を行うこと

a　職場のあらゆる場所に埃がないこと

b　あらゆる場所に「たまり水」がないこと

c　小さな「ゴミ」が放置されていないこと、特に生ゴミがキチンと処理されていること
d　換気扇、換気扇のろ紙・ろ網、シンク等に油汚れがないこと
e　調理器具が美しく磨かれていること
f　包丁の柄、まな板等の木製部分に汚れがないこと
g　客席のテーブルが美しく拭いてあること
h　厨房の床はもとより、客室内の床が美しくなっていること
i　照明器具に埃が見られないこと
j　すべての開閉扉に手垢がついていないこと（特にドアの取っ手の周りに注意してください。汚れて汚くなっている場合が多く見られます。）
k　各種スイッチ類とその周りが、手垢で汚れていないこと
l　厨房、トイレ、客室の窓枠・ガラスに埃や汚れがないこと
m　生花、植木がみずみずしいこと
n　傘入れの底が汚れていないこと
o　従業員のエプロン、制服に汚れがないこと

ホ　躾

・職場を美しくすること
・従業員を美しくすること

(3)　異動、転勤等による職種変更時の安全教育

これも労働安全衛生法が定める必要不可欠な教育ですが、この職種変更時の教育とは、新規入店時の教育と同じです。

ただ、新規入店時教育と多くの部分で重なるものがありますので、重なる部分は、当然省略してかまいません。

2　従業員の動線の設定と確保

従業員が職場で移動する経路を、従業員の動線といいます。

従業員は、企業の施設に入ったら、労働時間内でなくとも、店長の管理下で店長の指示に従わなければなりません。

店長には、休憩時間内や就業時間外でも安全の確保義務がある

従業員は多かれ少なかれ労働時間が始まる前に出勤し、制服に着替え、働く準備をするでしょう。また、終業後も、着替えなどで若干の時間を店舗内で過ごすことになります。また休憩時間内もおおむね店舗内で過ごしていることと思います。

これらの時間は、労働時間内ではないために、店長の管理下にはないという誤解が生じやすいですが、そうではありません。

これらの就業前後の時間や休憩時間も、店舗にいる限り、店長の管理下にあります。労働契約上の使用者としての権限ではありませんが、従業員は、企業の施設下にいることにより、企業の施設管理権に従っています。

店長は、この企業の施設管理権を企業に代わって行使しているから、従業員は店長の指示に従う必要があるのです。

この店長の権限は、施設をその目的に従って適切に管理するために認められていますが、し

かしその反面、施設管理権があるからこそ、従業員を安全に行動させる義務があるのです。

したがって、このような時間帯でも、従業員が施設の状況や不具合によって災害を受ければ、その災害は私的なものではなくて、業務上の災害とされています。

就業前の動線の指定

そこで店長は、従業員が店舗施設内に入った瞬間から、従業員を安全に管理するために、様々な手段を講じる必要がありますが、その最たるもののひとつが、公共の場所から企業の管理する店舗敷地内に入るその場所から、従業員に経路を指定し、休憩室・更衣室や就業の場所等に安全に誘導する必要があります。

これが就業前の経路、つまり就業前の動線です。

就業後の動線の指定

就業前の動線の指定と同じように、就業後の動線の指定も行うべきです。

退勤時の経路は、就労が終わった瞬間の場所から、タイムカードの打刻の場所、着替えの場所、そこから店舗の外に出る場所までの、就業後の従業員のすべての動線を示さなければなりません。

就業中の動線の指定

労働時間内は、労働契約の効力により、従業員の行動は、店長の指揮監督下にあります。つまり、労働時間内のすべての行動は、明示的・黙示的に店長の指示によって行動しているとみなされています。

そして店長はすべての従業員の行動、特に移動についての安全の確保に、責任を負っています。

店舗には、多種多様な職種の従業員が働いています。

直接お客様と接触する客室内の従業員、厨房で働く調理員、配膳をする従業員、掃除を職種とする従業員など多様です。

これらの従業員は、それぞれその職務に応じて、様々に動きます。

店長は、これらの動き回る従業員のすべての行動が、安全であるように、それぞれの従業員の動線を決めて、示してやる必要があります。

動線の確定は作業効率を向上させるために取り組むべき最初のもの

なお、就業中の動線の決定は、就業中の作業の効率性に密接に関連します。なぜなら多くの作業にとって、移動中の時間はほとんど無駄な時間だからです。調理員にとって、調理台の前に止まり調理している作業が本来の作業で、そこから離れて動いているときは、本来の作業ではなく、そういう意味では本来の作業をできなくしているものです。

したがって、そのような作業をなるべく少なくするためには、整理整頓の項で、縷々《るる》記述したとおり、道具、原材料の置き場所等を作業者の便利なように決める必要がありますが、それと同時になるべく効率的になるように、作業者の動線を決める必要があります。

3　厨房での安全管理

(1)　調理用機械の安全確保

厨房には、様々の調理用機械があります。

労働安全衛生法では、食品加工用切断機、食品加工用切削機、食品加工用粉砕機、食品加工用混合機などと表示していますが、スライサー・ミキサー、フードカッターなどとして市販されているものです。

要は、動力伝動装置を擁して、自動的に混合したり、粉砕したり、切断したりするもので、多くの厨房に備えてあります。

これらの機械は、多くは労働安全衛生法が規制するものではなかったのですが、あまりにも災害が多いために、２０１３年から新たに規制されるようになりました。

規制の内容は、要するに、危険部分に身体の一部、特に手指が触れないように、危険部分を物理的に隔離するというものです。

危険部分を物理的に隔離する方法ですが、たとえば、ミキサーの場合は、ミキシングする回転部分に手が触れないようにカバーすべしというものです。

これらの調理用機械が危険なものとは、到底見えないでしょう。

そうです。危険とは見えません。

だからこそ、これまで労働安全衛生法が規制してこなかったのです。

しかし、統計を見て、多数の事故が発生しているからこそ、法規制が行われたのです。

確かに、これらの機械で人が死ぬことは、ほとんどなかったでしょう。

しかし、障害が残るような重篤な事故は枚挙にいとまがないのです。

そしてその対策は単純です。機械の危険部分を囲ってしまえばいいのです。

市販の機械をみると、日本製のほとんどの機械に、カバーの取り付けがありません。

メーカーに問い合わせたり、カタログをよくよく見ると、付属品としてのふたがある場合が多いのです。

付属品としてではなく、本体の機械として扱うべきです。

そして、その使用をマニュアルできちんと示すべきだと思います。

欧米の調理用機械をみると、さらに進んで、インターロック式になっています。つまりふたやカバーがないと作動しないようになっているのです。

しかも、多くの種類があります。

日本の厚生労働省も、法規制ではないのですが、食料品加工用機械に、このインターロック方式の採用を推奨しています。今後、カバーやふたがないと作動しない方式のものに、日本製も変わっていくでしょう。しかし残念なことに、今のところ日本製にはないようです。少なくとも、私の知る範囲ではありません。

(2) 調理作業の安全と包丁の使用

調理作業は、飲食店では、プロの資格のある調理師が行う場合が多いでしょう。

その場合であっても、基本的な安全作業は決めておくべきです。

特に最近は、ファーストフードの店舗等で、調理補助員としてパートタイマーが調理類似の作業をしている時があるようです。

そこで、基本的な作業法は、プロも初心者も守るべきものとして、定めておくべきです。

① 服装等

調理服・エプロンの清潔

服装は清潔なものとします。

清潔とは、先に記述したように、病原菌類に感染の恐れがない状態であることはもとより、病原菌感染の恐れがないように見えなければなりません。

調理室で働く従業員が清潔であることは、調理室の問題だけでなく、客室や、休憩室、トイレ等の清潔の保持にとって、とても大事です。

もし、調理室で働く従業員が、清潔そうに見えなければ、その他の従業員も、その他の施設もすべてが清潔でなくなります。

調理室の従業員は、店舗で最も上質の清潔さを表現する必要があります。

質のいい寿司屋の寿司職人を思い出してください。

そのためには、調理服、エプロンは汚れが目立つような色の物を着用させてください。

間違っても私服ではいけません。

帽子の着用

調理室では、防止を着用させてください。汗や髪の毛が落ちないようにするとともに、そのような清潔さを維持していることを表現するためです。

手、指、爪

手、指、爪は十分に洗わせてください。
特に爪は、短く切らせてください。
調理作業をする人が、爪を長くしているのは論外です。
爪を切るのは、清潔さの表現のためです。

②　包丁の取扱い……包丁作業と運搬方法等

包丁は調理台の上だけで使う

包丁を使うのは、調理台だけです。それ以外は禁止してください。

包丁の持ち運び

包丁を持ち運ぶ場合は、布巾で包んだり、ケースに入れて運んでください。

包丁の置き方

包丁を使わないときは、短時間でも、包丁保管場所に戻してください。ごく短時間に、包丁を調理台に置くときは、刃先を向こうに向けて（柄を手元の方に向けて）、調理台の所定の場所に置いてください。そのときは、柄が調理台からはみ出さないように、丁寧に置いてください。

できたら、まな板の上に、きちんと置くのを習慣にしたほうがいいと思います。包丁を一時的に使わない場合は、まな板も使わないでしょうから、そのような躾をしたほうがいいと思います。

包丁の渡し方

包丁を差し出すときは、刃先の方を相手に向けずに、柄の方を相手に向けて渡すようにしてください。

これは、安全というよりは、刃物の取扱いの基本というべきものです。包丁が極めて危険な道具であるということと、刃物に対する尊敬の念を失わないようにするためです。

なお、包丁は手から手へと渡さず、渡す人の近くのまな板の上等に一旦おいて、その置いた包丁を、次に使う人が、取り上げるということを習慣にしている調理場もあります。

私としては、この方法を推奨いたします。

包丁の洗い方

包丁を洗う際に、手指を切る災害が起こりやすいので、まな板に固定して洗うこととしてください。指を直接刃に当てるようなことは禁止して、布巾等を使う必要があります。

(3) コンロの取扱い

コンロの周りの整理整頓

コンロの周りには、物を置かないようにしてください。

特に、燃えやすいような物は決して置かないようにしてください。

コンロ使用時の換気の励行と監視

コンロ使用時には、必ず換気扇等の換気装置を駆動してください。

ガス中毒、CO中毒が、飲食店の安全確保にとって最も恐ろしい労働災害になります。容易に死亡事故になるからです。

また、コンロの使用中は、決してコンロから離れないようにしてください。

コンロは、点火中は監視の必要があるからです。

吹きこぼれて不完全燃焼などを起こしたり、原材料を含めて燃え上がったりすることを防止したり、不幸にして燃え上がった場合には、直ちに対処できるようにするためです。

(4) フライヤーでの火傷防止……手袋とフェイスマスクの使用

フライヤー作業では、油の跳ね返りにより、火傷が多くなっています。

防止方法は、２つです。

ひとつは、火傷防止用の手袋の着用です。

もうひとつは、フェイスマスクの使用です。

油の跳ね返りによる災害は、皮膚に跡を残すことが多く、後々まで作業者を苦しめます。特に女性の場合は、苦痛の程度が大きくなるので、高温で揚げ物を作る場合であればあるほど、以上２つの措置を励行してください。

(5) 廃油の運搬作業……手で下げて運搬しない

フライヤーの廃油の運搬はとても危険な作業で、この運搬中に高熱の廃油が身体にかかり、重度の火傷災害を被る例が多くなっています。

重度の火傷は皮膚がケロイド状になって、障害等級でも醜状障害として、重い障害と評価される場合が多くなります。

最も多い被災の例は、廃油を高熱のままバケツ状の容器にいれ、手で下げて運搬中に転倒し、廃油を身体に浴びる事故です。

このような災害を防止するための最初の対策は、決して、高熱の廃油を手で下げて運搬しないことです。

高熱の廃油は必ず専用の容器にいれ、台車で運搬するようにしてください。

その上で台車が転倒しないように、床のデコボコをなくし、さらに、運搬中には近くにいる人に声をかけて、注意を促す必要があります。

もうひとつのやり方は、廃油が冷めるまでは、決して運搬させないことです。

しかし、この場合は、フライヤー傍の廃油入れの容器に、つまずいたり、転倒させないように、専用の安全な置き場所を用意する必要があります。

多くの飲食店舗を見て回った私にとっては、狭い調理室にこのようなスペースを設けることは、実務的には、なかなか困難なものがあるような気がします。

この問題は、店舗設計時のリスクアセスメントにおいて解決すべきものと思います。

したがって、既に開店している多くの店舗にとっては、廃油を運搬することを前提に安全対策を講じる他ないでしょう。

(6) 履物の管理

厨房ではすべり止めの付いた安全靴の着用が必要

厨房での履物は、ゴム長靴ではいけません。

私はよく訪問した厨房で、ゴム長靴を見ます。

ゴム長靴を使用しているのは、床が濡れているからです。

床が濡れていることに、誰も疑問を持っておられないことが多いのです。

飲食店は、水商売といいますので、床が濡れているのが当然だと思っておられるのかもしれません。

しかし、それは間違いです。

水を使うのは、食器等を洗うシンクだけです。

シンク以外は、濡れていてはいけません。

まして、床は決して濡れていてはいけないのです。

調理上の床は多数の人が歩きます。水で濡れていると、転倒して大事故になります。調理場には多量の高熱のフライオイルがありますし、煮炊きしている高熱の鍋があります。

床を水で流して洗うことも多いでしょう。

床を水で流すことは、清掃にとって有益かもしれません。だからそれはいいのです。ただ、水を流したらそれを拭かなければなりません。

このようにして床は常にドライにしておかなければなりませんが、それでも、油分等で大変滑りやすくなっています。

そこで、履物の登場です。

すべり止めの付いた安全靴があります。

できれば、厨房では安全靴をはかせるべきでしょう。

(7) コーヒーメーカー作業

コーヒーメーカーはインターロック方式の採用を

コーヒーメーカーは、純粋な和食料理店以外はどこにでもある設備ですが、これにより多くの災害が発生しています。

災害の原因で一番多いものは、熱湯を浴びて火傷するというものです。

熱湯を浴びる最も多い態様は、抽出中のコーヒーメーカーから無理にデキャンターを取り出そうとしたり、熱湯を注ぐコーヒー粉を入れたカップを不意に外したりすることです。

これらの事故処理を見ると、多くの人が、当該本人が注意をして作業すれば防止できた不注意が原因であるとしています。

しかしながら、これは間違いです。

労働災害の多くは本人の不注意で起きていますが、これを防ぐには、本人の不注意を指摘するだけでは足りないのです。

人間は、とても不完全な生き物です。

１００％常に、注意力を発揮することはできないのです。

したがって、コーヒーメーカー作業については、コーヒー抽出中は操作ができないインターロック方式のマシンを使うべきです。簡単なインターロック方式で、このような災害は防止できるのです。

(8) 冷凍冷蔵庫の安全確保

入庫するときに内部から開けることができることを確認することの励行

飲食店で重大災害が発生する可能性の大きいものに、冷凍冷蔵庫があります。

災害発生の原因は、中に閉じ込められて、凍（死）傷災害を被ることです。

その原因のひとつが、冷凍冷蔵庫から外に出ようとして、ドアの開閉ノブが凍結して、操作できなくなることです。

最もいい解決方法は、そもそもそのような開閉ノブを廃止して、ただ単に、押せば開くようにすればいいのです。あるいは、引き戸方式にするといいのです。

最近は、このように改良された冷凍冷蔵庫があります。

この方式が可能でないならば、冷凍冷蔵庫に入るときに内部から開けるドアノブが凍結していないかどうか、確かめる作業標準にすればいいと思います。

この確かめ方は、ドアノブを開ける操作をしてみれば簡単です。

停電時の対応

停電になれば、冷凍冷蔵庫の中は漆黒の闇となります。

中にいる人は、大いに慌てて方向感覚を失い、出られなくなる可能性があります。

そのために、蓄電池等による停電時のバックアップシステムの採用があります。

もうひとつは、停電時には必ず、冷凍冷蔵庫の中を点検するということを励行してください。

飲食店のように小さな冷凍冷蔵庫であれば、当面は、このような措置でもいいでしょう。

(9) 道具の保管管理

飲食店内には、箸、フォーク、ナイフ、スパチュラ、包丁、窯、鍋、皿など実に様々な道具類があります。

安全確保について、これらの道具類の保管管理はとても重要です。

動き回る従業員は危険

これらの道具類の保管管理、利用のために、多くの従業員が動き回ります。安全確保にとって、動き回る従業員はとても危険です。動き回る従業員は他の従業員と衝突したり、動き回ることによって、作業場や通路を狭くするからです。

したがって、道具類を保管する場所は、安全確保にとってとても重要になるのです。保管する場所は、まず、それを必要とする従業員に便利なように設定してください。便利なように設定するとは、なるべく動かないで済むように、従業員の動線を最短にする場所です。

従業員の動線を最短にする場所は、それを利用する従業員に決めさせてはなりません。利用する従業員の職種は多様ですし、便利さは職種によって違います。

店内の全体の従業員の動線の総和が最短になるようにするためには、場所は店長が定めるべきです。

しかも、従業員が動いているときは、店舗の業務にとって最も無駄な時間です。従業員は、基本的には１カ所にとどまっている時に必要な作業をしているからです。そうです。

動線を最短にすることは、店舗運営のコストを最小にするために、最初に考慮すべき事柄です。

安全化は業務を効率化する

安全を始めた初歩の人は、しばしば安全をとるか、業務の効率化をとるか悩まれます。

しかし、悩む必要はありません。

安全は業務の効率化と両立するのです。両立するというよりは、業務の効率化にとって必要不可欠なのです。

だからこそ、資本主義の本家であるアメリカにおいて「安全第一」の思想が生まれ、５Ｓがアメリカの文化となっているのです。

どうか常に、冒頭に記載したゲーリー社長、ヘンリーフォードの行動・宣言を思い出してください。

(10) 重量物の取扱い作業

飲食店でも重量物の取り扱いがあります。その重量物の取扱いによって腰痛症が発生することも稀ではありません。

そこで重量物の取り扱いについて、基本的な対策を講じるようにする必要があります。

女性・年少者については、すでに記述しました。

ここでは、18歳以上の男性従業員について記述します。

重量物は55キロ以下とすること

まず、取り扱う重量ですが、満18歳以上の男性労働者が人力のみにより取り扱う重量は、55

キロ以下にし、また、常時人力のみにより取り扱う場合の重量は、当該労働者の体重のおおむね40%以下となるように努めてください。ただし、飲食店で重量物を取り扱う場合は、常時それのみに従事する労働者はほとんどいないでしょうから、当面、55キロ以下の荷物に制限することで、おおむね大丈夫と思います。

重量物はなるべく台車で運搬

重量物はなるべく台車で運搬するようにしてください。55キロ以下でも、台車を使用するほうがベターです。

重量物運搬の作業姿勢の要点

重量物を取り扱うときは急激な身体の移動をなくし、かつ、身体の重心の移動を少なくするなどできるだけ腰部に負担をかけない姿勢で行うことが大事です。

このため次の事項を守らせてください。

① できるだけ身体を対象物に近づけ、重心を低くするような姿勢を取ること

② 床面等から荷物を持ち上げる場合には、片足を少し前に出し、膝を曲げ、腰を十分に

下ろして当該荷物をかかえ、膝を伸ばすことによって立ち上がるようにすること
③　腰をかがめて行う作業を排除するため、適切な高さの作業台等を利用すること
④　荷物を持ち上げるときは呼吸を整え、腹圧を加えて行うこと
⑤　荷物を持った場合には、背を伸ばした状態で腰部のひねりが少なくなるようにすること

4　通路の設定・管理

通路の設定

休憩室、更衣室、調理室・厨房、倉庫、客室などのすべての場所で、通路の設定が必要です。通路とは人が通る場所です。廊下もそのひとつですが、とかく、廊下以外は通路が忘れられがちです。

通路は、できれば、ここが通路だと表示すべきです。しかし、客室などでは無理でしょう。したがって、表示がない場合が飲食店では大部分です。

だからこそ、厳格な通路の設定が必要なのです。

客室の通路

たとえば、客室では客席が配置されています。

客席・デスクを決めてから通路が決まるのではありません。

玄関から入ってくるお客様をどのように誘導するかは、まず通路が決まり、その通路に沿って客席の配置が決まります。

いや、まず客席が決まってから通路を設定するよ、とおっしゃる方もおられます。これも真実だろうと思います。

それは意識の差です。

より真実に近いことをいいますと、多分、通路と客席の配置は、同時に決定されるのだろうと思います。

この同時決定の際に、考慮すべきものは、

- お客様を客席に安全に誘導するにはどうしたらいいか
- お客様が満足するような客席の配置はどのようなものか

なのだろうと思いますが、これと同時に、従業員がお客様への応接（私はこれをアテンドと呼んでいます。航空機の客室乗務員をアテンダントと呼びますが、そのアテンドです。）する場合に、どのように安全に、かつ、動線を短くできるかを考慮して決めるべきです。

客室ですから、通路の表示はできません。

しかし、表示はなくとも、厳然としてあるのです。

表示がないからこそ、客室の通路は別途の教育で明示する必要があります。

そして、従業員が客へのアテンドを、お客様が満足するように適切にさせるためには、それ以外に余計な注意を向けさせてはなりません。

通路は、従業員が注意を向けなくても、お客様にも従業員にも安全でなければならないのです。

休憩室、更衣室、調理室・厨房、倉庫の通路

客室ですら通路を確定すべきですから、当然のこととして、休憩室、更衣室、調理室・厨房、倉庫にも通路を設定すべきです。

お客様がいないのですから、通路は表示できますし表示すべきです。

特に、倉庫は通路の表示が必要

特に、倉庫の通路は必然です。

倉庫に通路が必然であるというのは、倉庫は物を置く場所だからです。

物を置く場所だから、とかく、通路と設定されている場所に、物を漫然と放置しているのをよく見かけます。

倉庫には、通路と物を置く場所を分けてください。

分けて双方を表示してください。

物を置く場所を指定して、しかも、物の種類を表示してください。

通路は１００％安全でなければならない

通路を決めるということは、安全な通路を決めるということです。

従業員は、通路を通ること以外に本来の業務を持っています。従業員の注意力は、本来の業務に向けさせるべきです。

そのためには、本来の業務以外の行動では、なるべく注意力を使わせないようにすることが必要です。

人間の注意力は、無限ではありません。

人間の注意力は、1日で使える量が決まっているのです。

しかもその使える量は、安全の専門家では常識となっていますが、とても少ないのです。

だから、その少ない注意力は、本来の業務に向けさせるべきです。

通路などに注意力を使うと、本来の業務で使うべき注意力が使えなくなります。

労働災害を防止するために通路の安全があるのですが、それ以上に、本来の業務を効率的に、かつ、生産性の高いものにするためにも、通路の安全の確保は必要不可欠なのです。

特に、飲食店の客室の通路の安全は重要です。

客室の従業員は、お客様へのアテンドが本来の職務です。

そのアテンド中に、お客様よりも通路の安全に注意力を向けなければならないとしたら、その店のサービスは最低の印象をお客様に与えるでしょう。

客室の従業員の注意力は、100％お客様に向けられなければなりません。

客室の従業員の注意力は、いささかでも通路に向けられてはならないのです。通路を安全にするとは、その通路は100％安全にするということです。

通路を安全にするためには、「つまずき」と「すべり」の危険が少しでもあってはいけません。

つまずきの原因……物を置かない

通路にはいかなる物も置いてはいけません。
何も置かない場所だからこそ、通路なのです。
ところが多くの店舗で、通路とおぼしき場所に、平気で物が置いてあります。
甚だしきは、廊下や階段に物が置いてあります。
廊下や階段は、その建物の建築時から通路として設定されているのです。
設計者は、そこに物を置いてはいけないとして、設計しているのです。
繰り返します。
通路には、物を置いてはいけません。

つまずきの原因……通路のデコボコ・5ミリ以上は即座に補修

通路では、床に決してデコボコがあってはいけません。
常に平坦でなければいけません。

しかし残念なことに、新築でない建物にはデコボコがある場合があります。

それは、平坦に補修すべきです。

ところで、デコボコとはどのくらいの高さからいうのでしょうか。

平坦でないのはすべてデコボコですが、少なくとも、5ミリ以上のものは即座に補修してください。

とても危険です。

誰かがつまずいて転倒した場合、本人も大ケガをし、客席であればお客様にも迷惑をかけます。

繰り返します。

通路に5ミリ以上のデコボコがあれば、それはとても危険です。

通路……移動電線

通路に扇風機などの移動電線がはっているのを見ます。

これもつまずきの原因です。

通路に電線をはわせてはいけません。

即座に撤去してください。

電線が必要なら、通路ではなく、天井にはわせてください。

簡単な配線工事でできるはずです。

通路……マットの危険

最悪なものは、マットです。

マットの裏にすべり止めがついていて、すべらないようになっているものならまだしも、そうでないものもよく見かけます。

これは、すべるように罠を仕掛けているようにすら見えます。

マットを置くときには、すべらないように固定すべきです。

通路……すべりの防止

通路のすべりで最も起こりやすいのは、掃除に使った水分が通路に残っている場合です。

掃除は、通路を濡れた雑巾やモップで拭いただけで終了させてはいけません。

掃除は、使った水分をきれいに拭き取ってから終了になるのです。

拭き取らないと、掃除によってかえって危険を倍増させてしまいます。

もうひとつは厨房の水分と油分です。

これは、常時拭き取ってください。

厨房の床は水場ではありません。ドライにしておくべきです。

5 簡易リフトの安全管理

簡易リフトはインターロック方式

飲食店で簡易リフトをよく見かけます。

たとえば1階の厨房で調理した物を、2階や3階の客室に届けるために使うものです。

簡易リフトはとても危険な施設です。

インターロック方式にしてください。すなわち、運搬台に物を置いたら、扉を閉めないと運搬台が動かないというシステムです。

この方式にしないと、手や腕が運搬台に挟まれて大ケガをします。ひどい場合は、首を挟まれて死亡します。

そのような災害は決して稀ではありません。

この場合のインターロック方式に変える工事は、比較的簡単で安価です。ぜひ変えるべきです。

簡易リフトの修理等は専門業者に

簡易リフトの修理中には、特に重大な災害が多発しています。

したがって、簡易リフトが故障したら、専門業者に必ず頼むようにしましょう。

そのほうがはるかに無難です。

決して、自社の従業員に修理させてはなりません。

簡易リフトの点検時の措置……起動装置の使用停止措置

簡易リフトの点検も専門の業者に頼むべきですが、店舗が営業中で簡単な点検・修理で済む場合もあり得ます。そのような場合でも専門業者に固執すると、飲食店の営業は夜が多いので、休業の必要も迫られる場合もあり、ついつい従業員に点検・修理をさせる場合もあり得ると思います。

そのようなことが生じないように、少なくとも1年に1回は業者に点検を依頼すべきです。

しかし、それでも、点検修理が緊急に発生することもあるでしょう。

その場合には、最低限次のことを守ってください。

やることは簡単です。

起動装置・スイッチに錠をかけることです。錠をかけただけでは、錠を開けて使う人が出てきます。だから、「**開けるな**」という札をかけてください。

もっと確実な方法は、すべての起動装置の前に監視人を置くことです。

検・修理中に起動されたら、点検・修理者が命を落とすのです。

それを防止するためには、このような厳重な措置が必要なのです。

6　階段の安全

手すり・すべり止め・掃除・照明

階段はとても危険な設備です。自然界には、ほとんどない急勾配です。しかし私たちは、階段を方々で見かけるために、見慣れていて危険だとは思いません。しかも現に、多くの施設で、死亡災害を含め多くの重大事故が発生しています。その原因は、国土交通省国土技術政策総合研究所の調査結果によると、

・手すりがなかった
・すべり止めがなかった、剥がれていた
・ゴミ、埃が落ちていた

などです。

飲食店でも、お客様を含め多くの災害が発生しています。

事故を防ぐためには、

・手すりを設置すること
・すべり止めをキチンと設置すること
・よく掃除すること
・照明を十分にすること

などです。

私の経験では、特に従業員のみが利用する階段は、設備が不十分なものが多いようです。照明が暗く、掃除が行き届いておらず、かつ、たくさんの物が置いてあったりします。倉庫とみなしているような場合も多いのです。

特に手すりについて、ご注意ください。手すりとは、墜落防止用に設置されているのではありません。転落防止用なのです。だから、壁側にも手すりが必要です。

最近、鉄道の駅構内の階段では、階段の両側だけでなく、真ん中にも手すりがある場合が多くなりました。上りと下りを分ける役目もありそうですが、転落防止用としては最適です。

私が訪問する企業では、階段の両側に手すりを設置するだけでなく、真ん中にも手すりを付け、階段に矢印を付けて上りと下りを明確に分離するところも増えてきました。

飲食店舗では、まだまだ進んでいませんが、ぜひ取り入れて欲しいと思います。

7　トイレの安全

トイレに手すりを

トイレは多くの人が利用します。

その中には、障害者、高齢者も当然いらっしゃいます。

トイレには、手すりを設けるべきです。

最近は障害者用の手すりが普及してきました。大いに結構です。

しかし、障害者用のトイレだけでなく、普通のトイレにも手すりを設けるべきです。

この場合の手すりは、障害者用の大ぶりの手すりではなく、座っている位置から立ち上がる時に便利な高さに、長さ50センチ程度のものを設置すれば十分です。

また、従業員のための専用のトイレを設置しているお店も多いと思います。

そのようなトイレは、食品衛生上の見地から、トイレ内では専用の履物に履き替える必要もあると思います。

その場合は履物を履き替える位置に、簡単なものでいいので、手すりを設置してください。履き替えるときに手すりがないために、転倒する災害も多く発生しています。

8　客席の安全

客席間の通路は少なくとも1メートル以上で、直線に設定すること

客席の安全のため、これまで床と通路について詳述しました。それを再読していただければ結構ですが、あえて簡単にですが、再掲します。というのは、私が訪問する飲食店舗では意外にも、客席間の通路、客席に至る階段、客室内の床が危険な状況になっているのが多いのです。

繰り返しますと、床のすべり、つまずき、移動電線の放置などです。客席として、改めて安全であるかどうか再検討をお勧めします。従業員のためというよりは、お客様のためであるでしょう。

足元の不自由な超高齢の方も、お客様としてお見えになると思います。

そういう方を標準に安全を考えると、その安全は従業員のための安全の水準にもなります。

なぜなら、従業員は忙しく往来していますし、そこでなすべき重要な仕事を担当しています。彼らの頭の中は、その業務を適切にこなすことで精一杯になっています。

彼らの注意力は、超高齢の方の身体状況と一緒であると考えるべきだからです。

私は、関係者の方によくいいます。

「厨房や客室に、あなた方の小学校低学年の子供さんをおいても安全だと思いますか？　もしそうでないのなら、そこは危険な職場なのです」

どうでしょうか。

客席の安全は、超高齢の方を標準に考えるべきです。

そしてその場合、ここで新たに付け加える標準としては、客席と客席の間に設置する通路の幅は、少なくとも1メートルは取るべきです。そしてできる限り、直線のものにしてください。

私の訪問する店舗では、1メートルを下回る場合や入り組んだものになっている例が数多くあります。

そのような店では、配膳中の転倒や、よろけたことによる食品のこぼれに起因する事故などが多発しています。

そして、それらの事故の原因が、従業員やお客様の不注意ということで処理されている例が、極めて多いのです。

その事故の原因には、不注意もあるでしょう。しかしそれは、通路が狭いことや、直線でなく入り組んでいることによるものが大部分です。さらに申し上げると、事故は、ほとんどは人間の不注意と施設の不備が重なった時に起きます。

繰り返しますが、人間は不注意を起こす不完全な生き物です。

だから、不注意をなるべく少なくすることは当然のことですが、それだけでは決して事故はなくなりません。

まず、施設の改善を行うべきです。

9　防火管理

飲食店の火災は、厨房設備からの出火がほとんどです。

したがって、防火管理は、まず厨房施設における火災の防止を第一にすべきです。

そこで、本書は、厨房施設における火災の防止を中心に記述します。

それには３つのポイントがあります。

厨房を放置しない

第一のポイントは、厨房を放置しないということです。

厨房での火災は、料理中であることを忘れる、厨房を出て厨房を放置しているなどが主になっています。

料理中は、決してそこを離れないことが必要で、これが火災防止の第一のポイントです。

整理・整頓・清掃・清潔・躾

第二のポイントは、整理・整頓・清掃・清潔・躾です。

出火は、ほとんどが厨房設備とその周りから発生しています。したがって、コンロの周りを整理整頓して、燃えやすい物は決して近くに置いておかない、つまり、整理・整頓が必要なのです。

それと、発火した場合に、天井やグリス除去装置に油脂分が付着していると、火災が拡大しますので、これらの点検と、清掃が必要ですし、ダクトを含めて清潔であることが求められています。

すなわち、これまで再三にわたりお願いしてきた、5S（整理・整頓・清掃・清潔・躾）が、防火管理でも最も有効なのです。

出火時の通報と初期消火の訓練と実行

第三のポイントは、出火に対する対応の訓練です。

出火すると、誰でも驚愕し、適切な行動ができなくなります。

しかも飲食店は客商売ですから、店の評判をおもんぱかって、消防署への通報をためらいがちです。

しかし、決してためらってはなりません。

ボヤで消し止められそうだと思っても、必ず通報が必要です。

出火時に、消防署への通報を速やかにしようと思っても、その際に、電話番号を調べていては遅すぎます。

通報先は、わかりやすい場所に一覧表を掲示しておくべきです。

なお、緊急時には、消防署だけでなく、警察、労働基準監署、病院などへの通報が必要です。これらの通報先を、ポスターにして掲示しておくのが適切です。

また火災は、その初期に適切な行動をすれば、消し止めることができます。現に多くの出火は、初期に消し止められているでしょう。

そのためには、初期消火用の設備が必要です。とくに可搬式の消火器は、設置場所を定め常備してください。

消火器は使用年限が定まっているので、定期的に点検し、常に使えるようにしておいてください。

繰り返しますが、出火時は慌てます。慌てている中で、消防署への通報と初期消火を適切に行うには、従業員の訓練が必要です。

１年に１回は、訓練を行うべきでしょう。また、消火行動や通報だけでなく、避難通路の点検、実際の避難訓練なども必要です。

なお、雑居ビル、地下街、ペンシルビル、施設の大小などにより、防火管理にかかる法的義務が異なっています。

しかも、法律にはごくごく基本的なものだけが決められていて、詳細は各地方自治体の条例に委ねられています。

本書ではそのすべてについて解説することは不可能なので、ごく基本的なものだけを記載しています。

必要に応じ、近くの消防署にご相談になることをお勧めします。

近くの消防署が、その地方で必要な防災方法を喜んで教示してくれます。

10　ガス漏れ管理

ガス漏れ、不完全燃焼はとても危険です。

しかし、ちょっとした予防によって、完全に防止できます。

飲食店での日常の対策は、次の4つのポイントが大事です。

不完全燃焼警報機能付きガス警報器の設置

まず、警報器の設置です。

これは、不完全燃焼警報機能付きガス警報器がいいでしょう。

ガス漏れだけでなく、不完全燃焼によって発生した一酸化炭素を検知するとランプと音声で教えてくれます。

なお、この警報器にも有効期間が定められています。

有効期間が過ぎたら、直ちに取り替えましょう。

ガス機器を使うときは必ず換気、給気と排気の双方の設備設置が望ましい

ガス機器を使うときは、必ず換気をするようにしましょう。

飲食店での換気は、換気扇や局所排気装置による強制換気が必要でしょう。

その際、換気は、排出する装置と給気する装置の２つを設置するのが望ましいと思います。

排出するだけでは、十分でない場合が多いからです。

給気性能は、排気性能の１割ぐらいのもので十分です。

すなわち、厨房に常に空気の流れを作るためです。給気装置から供給された空気が排気装置から外部に排出される流れを作るのです。そうすれば、たとえガス漏れがあったにしても、大きな災害につながることは稀になりますし、不完全燃焼も防止できる場合が多くなります。

なお、ガス器具には、必ず、空気の取り入れ口があります。

この空気の取り入れ口には決して、物を置かないでください。

不完全燃焼の直接の原因になります。

それに、物を置けば、折角作った給気と排気の空気の流れが途絶え、全く無駄になるからです。

ガス管の取り替え・設置は専門業者に

ガス管の取り替え・設置は素人でもできそうに見えます。

しかし、多数のお客様が出入りし、多数の従業員が働く飲食店では、自店で行うのは絶対にやめてください。

専門の業者に頼むべきです。

ほんのちょっとした手抜き、知識不足が大事故になるからです。

ガス管の定期的な点検

厨房内のガス管は、調理用の水分や塩分・酸などで、腐食しやすくなります。「すのこ」の下なども、忘れずに点検してください。

また給排気装置、ダクトも点検が必要です。

外部から見えるところは、日常的に点検し、それ以外は1年に1回、外部業者に定期的点検を行わせてください。

11　休憩・休養室の設置・管理

飲食店では、私の見るところ、休憩室がないか、不完全なところが極めて多くなっています。労働安全衛生法では、休憩の設備に努めるよう要求していますし、特に常時50人以上の従業員、もしくは30人以上の女性従業員を使用している職場では、必ず休養室を設置するように義務づけています。この場合は、男性と女性の部屋を区別し、かつ臥床できるようにすべしとなっています。

臥床できるようにするとは、要するに、横たわって休養できるようにすることです。

現在のところ、冒頭に書いたとおり、この設備が飲食店ではなかなか法令適合までは困難な場合が多いと思います。

順守できるように、大いに努力をお願いします。

12　更衣室・設備の管理

飲食店では、多くの店で従業員が私服で働いているのは稀です。また、私服で働かせるのは、衛生の確保上も不適切でしょう。

そうすると、更衣室、更衣設備の設置が不可欠ですし、私が訪問した飲食店のほとんどで設置してあります。

そこで、私がいつも不安に感じるのは、更衣室、設備の不完全さです。

ひどいところは、単にカーテンで区切ったところだけという場合もあります。

カーテンで区切ってもいいのですが、その場合でも、内部で着替えている人が内部から鍵をかけられるようにしてください。

セクハラの疑いをかけられたら大変なことになります。

飲食店は、特に若い女性が多く働いています。

過剰なほどに注意を払うべきです。

なお、セクハラは女性に対してだけではありません。男性に対しても成立します。現に、男性に対するセクハラが問題になった例も少なくありません。

あらゆる場合を想定して、十分に注意を払うべきです。

13　救急用具の備付け

飲食店舗には、必ず救急用具を置いてください。

家庭にあるような救急用具で結構です。

すなわち、医療機関に行くまでの応急処置のためのものだからです。

特に飲食店では、火傷に対する薬剤の設置が不可欠になっています。
これも市販のもので十分です。

第7章　ヘルス・ファーストの思想

1　ヘルスの重要性

本書では、これまで「安全第一」セーフティ・ファーストの考え方を説明しました。

日本は実は、特殊な考え方の状況にあります。

本書も実は、世界の標準からいえば、特殊な状況に影響されているといってよいでしょう。

なぜなら、安全から本書を始めたからです。

安全衛生という言葉の不思議

わが国では、安全衛生といいます。

「衛生」の前に「安全」があります。

法令も労働安全衛生法という名称で、衛生の前に安全があります。

私たちは、これはあたりまえで、何の疑問も浮かびません。

ところがこれは、英米から見れば全く不思議なことなのです。

彼らは安全・衛生という順番でなく、ヘルス・アンド・セーフティといい、安全の前にヘルスがあるのです。

法令もヘルス・アンド・セーフティ・ローなのです。

彼らはヘルス・ファーストがあたりまえで、ヘルスすなわち健康の一部としてセーフティがあるのでしょう。

だからあえて、セーフティ・ファーストとセーフティの重要性を強調しているのかもしれません。

衛生から健康へ

わが国では不思議なことに、ヘルスを衛生と翻訳してきました。ヘルスは健康と訳すのが普通ですが、労働の現場では長い間、衛生と訳してきています。

「衛生」という言葉から想像するものはなんでしょうか。

まず第一に、病原菌から安全である、という意味ではないでしょうか。だから衛生的だというと、消毒薬で除菌された状態を想像します。

次に、「衛生」という言葉は、「生命を衛る」ということの略です。

軍隊では、「衛兵」というものがいます。駐屯地や何かを守る役割です。ロンドンでは、バッキンガム宮殿を守る軍人の交代式が衛兵交代式と呼ばれ、観光客を集めていますが、彼らは宮殿を守ることが役割なのです。

このように「衛生」という言葉は、外部の攻撃から、生命を守るというのが本義のようです。だから、衛生という言葉で注意しなければならないものとして思い浮かぶのは、外部環境の有害物質である粉じんや有毒ガスなどです。

これは間違いです。

今、我々がやらなければならないことは、衛生はもちろんですが、衛生の概念をはるかに超える「健康」です。

健康とは何か……WHOの定義

WHO（世界保健機関）憲章では、その前文の中で「健康」について、次のように定義しています。

Health is a state of complete physical, mental and social well-being and not merely the absence of disease or infirmity.

健康とは、病気でないとか弱っていないということではなく、肉体的にも、精神的にも、そして社会的にも、すべてが満たされた状態にあることをいう（日本ＷＨＯ協会訳）とされています。

ここで注目していただきたいのは、健康というのは、「病気でない」ということのみをいうのではなく、もっと高い概念であるということです。

職場でも、健康が必要です。健康を大事にする必要があります。

このＷＨＯの概念の健康を、ぜひ目指すべきです。

職場での健康の意味

しかし、職場で私たちが「健康が大事である」という場合は、このＷＨＯの健康の概念を目指しつつも、もう少し違った意味で使っています。

職場には、ＷＨＯが定義するような健康な人もいますが、そうでない人も多数います。

障害者もいますし、有病者も多いでしょう。

有病者でないかもしれませんが、その直前の人も多いのです。

特に高齢の方たちは、若い方たちと比べると、その健康維持能力は、若い方たちが病気のときとほとんど一緒かもしれません。

飲食店の店長は、最近はとても若い方たちが多くなっています。20代の方も稀ではありません。

若いときはほとんどすべての方が、健康で生き生きとして、少しのことは耐えることができます。

しかし、職場にいる高齢の方たち、障害者の方たち、病気の方たち、病気直前の方たちはそうではないのです。そういう方たちも社会に参加し、社会で一定の役割を果たし、家族を養うためにつらくても働いているのです。

職場は社会の一部です。

社会には、病気の方も、障害者も、高齢者も、病気直前の方たちもいます。これらの方々は、社会を構成する大事な方々です。

こういう方々を、社会から排除すべきでないし、排除できません。

社会は、こういう方たちが安心して生きていくためにこそ、存在していると私は思います。

そして、職場は、間違いなく社会の一部ですから、職場にこういう方たちが働いているのは当然のことなのです。

飲食店でも、こういう方々が多数働いておられます。

そうです。こういう方々の健康を悪化させてはなりません。

こういう方々が、皆様の飲食店で働くことによって、その方々の普段の状態がさらによくなるようにすることが、健康確保なのです。

そのためにはどうするか、難しいことではありません。

従業員すべての健康状態を把握し、その健康状態に応じて、職務の内容の質と量を決めるようにすればいいのです。

そうすべきなのです。

2　健康診断の実施

雇入れ時の健康診断と定期健康診断

職場の健康にとって、まずやるべきことは、従業員の健康状態の把握です。

そのために、労働安全衛生法は２つの制度を用意しています。

雇入れ時の健康診断と定期健康診断です。

これらの健康診断が必要なのは、もちろん常時働いている方たちですが、常時働いているというのは、必ずしも正規の職員という意味ではありません。

常時働いているとみなせるような従業員は、臨時雇用、パートタイマーでもすべて入ります。その範囲は、正規の従業員の4分の3以上の労働時間の方々ですが、おおむね、社会保険の適用者と考えれば無難です。

社会保険に入れるべきパートタイマーであれば、健康診断についても、正規従業員と同様の扱いにすべきです。

深夜業従事者の定期健康診断

深夜業（午後10時から午前5時）に従事する従業員は、定期健康診断は6カ月ごと（1年に2回）とされています。

深夜業に従事する労働者とは、1カ月に4回以上従事する人をいいます。

飲食店では、多くの方が深夜業に従事していると思われます。注意が必要です。

3　健康診断実施後の措置

健康診断結果の通知

健康の管理は、まず第一は、当然のことですが従業員自らが行うべきです。そのためにはまず、健康診断結果を速やかに連絡しなければなりません。この連絡は、異常の有無にかかわらず、文書で全員にやるべきこととされています。

健康診断結果に関し医師から意見を聴くこと

健康診断結果で異常の所見がある人たちについては、3カ月以内に、医師の意見を聴かなければならないとされています。

医師から意見を聴くときには、従業員の作業環境（客室勤務か調理室勤務かなどの状況）、労働時間の長短・時間帯、作業の内容とその密度、作業の負荷状況、深夜業の回数と長さ、過去の健康診断の結果等を提供すべきです。

また、必要に応じ、医師に職場を見てもらうことも有効です。

さらに、意見を聴く医師に従業員と面接してもらう方法を取ることも、適切な場合が多いでしょう。

医師から聴くべき意見の内容

医師から聴くべき意見は、異常所見についてと必要に応じ作業環境等についての2つです。

異常所見のある従業員について、医師から聴くべき意見は次表のとおりです。

就業区分		就業上の措置の内容
区分	内容	
通常勤務	通常の勤務でよいもの	―
就業制限	勤務に制限を加える必要あり	勤務による負荷を軽減するため、労働時間の短縮、出張の制限、時間外労働の制限、労働負荷の制限、作業の転換、就業場所の変更、深夜業の回数の減少、昼間勤務への転換などの措置を講じる。
要休業	勤務を休む必要あり	療養のため、休暇、休職などにより一定期間勤務させない措置を講じる。

作業環境管理および作業管理についての意見

健康診断の結果、職場の環境や業務の状況を変えなければならない場合には、環境測定の方法、施設等の取り替え・改善、作業のやり方の改善等について、意見を求めてください。

意見を聴くべき医師等

意見を聴くべき医師は、産業医の選任の義務がある店舗（従業員50人以上）では、産業医が従業員の健康状態や作業内容、作業環境について詳細に知り得る立場にありますから、産業医が最も適切でしょう。

産業医がいない店舗では、従業員の健康管理について十分な知識を持っている医師から意見を聴くことが適当ですが、店舗ごとにはなかなか困難な場合が多いと思います。

全国各地域に「地域産業保健センター」が設置してあり、その所在地等については、各都道府県の労働局や所轄労基署にお聞きになると、喜んで親切に教えてくれるはずです。

大変低料金で利用が可能だと思います。

大いにご利用になることをお勧めします。

4　事後措置の決定等

(1)　従業員に対する措置

本人の理解と納得

従業員に対し、健康診断の結果等により就業制限等の措置を講じる場合には、もちろん、当該従業員の意見を丁寧に聴くことが大事です。

従業員の健康は、事業主にとっても大変大事なことですが、従業員にとっても、家族の生活を含め、大げさにいえば人生の重大事です。

したがって、その必要性について、その方の十分な納得が必要ですし、十分な納得が得られれば、その後の健康・改善状況も大きく違ってくるでしょう。

健康診断結果による事後措置は、本人のためでもありますが、そのためにこそ、本人の十分な納得と理解が必要不可欠です。

本人との話し合いでは、医学的知見の正確さが必要でもあるでしょう。産業医が同席して、意見の聴取に当たるのも考慮してください。

事後措置はあくまでも本人のため

健康診断結果の事後措置は、１００％本人の健康保持と維持向上のためです。したがって、その目的のための範囲を超えて、措置を講じてはいけません。とりわけ、医師等の意見を理由に安易に解雇するというようなことは避けるべきです。避けるというよりは、やってはいけないことです。

また、当然のことながら、就業制限等の措置を講じた後、健康上の改善が見られた場合は、医師の意見を聴いて、速やかに通常の勤務に戻すようにしてください。

(2)　衛生委員会等への医師の意見報告

衛生委員会は、従業員の健康問題について調査審議する場です。

健康診断結果についての医師等の意見については、衛生委員会に報告し、その調査審議の重要な基礎にすることが必要です。

速やかに報告し、十分な審議をすることが適切です。

この場合、個人の健康状況は当該従業員の大事なプライバシーです。

決して健康問題に対する個人の特定が可能でないように、医師の意見を集約したり、また内容が変更されない範囲で加工して、提供する等の措置が必要です。

(3) 健康情報の保護

個人の健康に関する情報は、その個人にとって最も大事な個人情報のひとつです。

決して不必要な人に、漏れるようなことがあってはなりません。

しかし一方では、健康診断結果を含めて、個人の健康情報はその個人の作業内容、環境、作業の濃度、労働時間の長短などの労働状況を決定する場合の最も重要な情報です。

企業によっては、個人情報であるということで、せっかく把握した健康診断結果を、飲食店で労働関係のトップたる店長に知らしめないようにしている企業も少なくありません。

理由を聞くと、個人情報の保護なのです。

しかし、これは間違いです。

大事な個人情報ですが、それだからこそ、店長には部下の従業員の健康状態を十分に把握させ、日常的に就労の配慮をさせるべきものです。

もし、店長に部下の健康情報を開示したら、情報の保護上問題が生じるという危険があるのなら、そもそもそのような人を店長にすべきではありません。

同様に、産業医や、店長の下にいる衛生管理者についても、その職務の範囲の必要に応じ、情報の開示をしてください。

なお、上記以外に人たちについては、反対に個人情報として十分に配慮してください。

飲食店舗では、店長、衛生管理者、産業医以外に知らせる必要は、ほとんどないでしょう。

むしろ、決して知らせないという対応で、十分だと思います。

(4)　健康診断結果の記録の保存は5年間

健康診断結果は5年間保存することが必要です。

保存する場所ですが、基本的には店舗ごとになります。管理については、個人情報保護に十分に気をつけ、店長以外は閲覧できないようにする措置が必要です。

そのために、最近、電子データで保存する企業も増えてきました。

この場合は、いつでもPC端末で閲覧が可能なようにしなければならないのですが、その場合に注意しなければならないことは、所轄労基署の担当官に、臨検時に、要求があれば即時に提供しなければならないことです。

即時といっても、なかなか困難な場合が多いでしょう。

実情を話し、理解をいただきつつ可能な範囲で、なるべく早く提供できるシステムを構築するようにしてください。

第8章　過労死の予防

30年から40年ほど前、過労によって死亡するという議論が盛んになりました。過労によって循環器系の疾病が発症し、あるいはにわかに悪化して、死亡に至るというものです。

当時、ニューヨーク・タイムズだったかと思いますが、過労死の記事が掲載されました。「日本人はすごい。死ぬほど働くだけでなく、本当に死んでしまう。」という内容だったような気がします。

高度経済成長時代の企業戦士の猛烈ぶりを、少しからかい気味に記事にしたものでした。米国では、そのようなことは、想像もできなかったことなのでしょう。

多かれ少なかれ、日本の行政官も、過労死については疑問を持っていたような気がします。その証拠に、当時、労働省は「いわゆる過労死」という言葉を使っていました。

「いわゆる」という言葉を、「過労死」の前に置いていたのです。

その意味は、過労死という言葉があるが、本当は過労死というものは存在しない、仮に存在するとしても例外的かつ極めて稀なもの、という意味を言外に表示していたのです。

しかし、労働省が業務上の災害ではないとして、否定した多くの死亡災害が下級審で業務上であると判示され、ついには、最高裁もこれらの判決を容認して、わが国では過労死がありうることが、明白に認定されました。

そうです。わが国の労働の現場では、過労死という現象が起こりうるのです。これは最早疑う余地がありません。

カローシという英語

ところで英語で「過労死」というのは、なんというかご存知でしょうか。「karoshi（カローシ）」というのです。

有名な日本語からの英語である「SUKIYAKI（スキヤキ）」と同じです。スキヤキはいい言葉ですが、カローシは嫌な言葉です。

私は、わが国でカローシが根絶され、いつの間にか、英語のカローシだけが残り、我々の孫子の時代になってからでしょうが、カローシが日本語からの転用だと知ってびっくりするような時代になっていてくれたらと夢見ています。

過労死とは

過労死とされる疾病は、脳血管疾患と虚血性心疾患がほとんどです。

これらの病気は、動脈硬化や動脈瘤の発展、あるいは心臓の筋肉が変化して発症しますが、本来は長い歳月の人間の営みの中で、徐々に進行し、増悪してついに発症するものです。

つまり、基本的には私的素因に基づき、本人の生活習慣等から徐々に進行し、発症に至るというもので、そのような経過によるものであれば、あくまでも私的な病気であるわけです。

これらの病態である動脈硬化などは、加齢によってほとんどの人に変化が生じるとされていますが、ある一定の程度まで進行しないと、人間の日常生活にはほとんど影響しません。

しかしながら、そのような病態の進行が、過労によっても著しく増悪し、本来ならば、それなりに通常の生活が可能であった者が発症しあるいは死亡した、ということになると、それはまさに仕事の過労が原因になって発症し、あるいは死亡したことになり、死亡の場合は過労死と呼ばれることになるのです。

過労死の加害者は誰か

過労によるこれらの疾病の増悪は、それまで表面的には健康で通常の生活を送っていた従業員を、突如として発症させ、あるいは死亡させます。

周りの同僚たちも突然のことに大いに驚き、ショックを受けますが、その方の家族にとっては、まさに驚天動地の事態になります。

そうすると、本人も家族も、それまで普通の生活を送っていたのですから、発症の直前に何か直接の原因があるだろうと探します。

そして過労という原因に至るのです。

過労が原因になったら、どうなるでしょうか。

過労をさせた者・企業が、加害者とされます。

そして、それは間違いではないのです。

幾多の判例によって、幾多の医学知見によって、10年以上前の厚生労働省の認定基準によって、一定程度以上の過重な労働、すなわち過労が直接の原因と考えられているのです。

過労死は最悪の死亡災害

過労死が発生した企業等では、過労死は企業や店長にとっては運が悪いことであった。しかし、労災保険の業務上認定については十分に協力した、本人や家族のためになった、してやれることはしてやった、これでいいと思われる場合が多いようです。

しかし、これは間違いです。

過労死は、数多ある業務上死亡災害の中では、弁護の余地のない悪質で、起こってはならないものであり、発生させてはならないものなのです。そして現に、英語圏ではほとんど発生してはいないのです。

英語圏ではほとんどないからこそ、だからこそ、過労死という言葉が英語になく、「カローシ」として登録されているのです。

日本だけにほとんど特有に発生しているからこそ、私は過労死の発生を悪しざまに非難しているのでしょうか。

そうではありません。

それだけではないのです。

過労死の発生原因が特別だからです。

なんと、その発生原因が業務自体にあるからです。

過労死以外では、その業務自体が死亡の原因であるということはないのです。

たとえば、高い作業位置からの悪名高い墜落災害も、感電災害も、その作業自体から死亡することはありません。墜落災害でいえば、高い位置の作業場所での、墜落防止用の手すりがないのが原因であって、作業自体ではありません。感電災害も、感電防止用の措置が不十分であったことが原因で、電気工事自体は原因でありません。

しかし、過労は、一定程度以上の負荷の作業自体が原因なのです。

しかも、健康診断をして本人の病状を把握するのは、企業の義務であって、本人の健康状態から過労死の予測をするのはそんなに難しいことではないのです。

どうでしょうか。

これが、私が、過労死はあらゆる死亡災害で弁護の余地のない最悪の、起こってはならないものと指弾している理由です。

くどいようですが、繰り返します。

そう思っているのは、実は私だけではありません。

裁判官、検察官、労働基準監督官の多くがそうでしょう。

そして、何よりも、残された家族がそう思うのです。

過労死とならないような働かせ方……労働時間の限度

普通の飲食店で過労死になる働かせ方は、単純です。

長時間の労働だけです。

長時間労働だけを注意したらいいのです。

1週40時間以内の場合

労働時間の1週間あたりの最長時間は40時間です。

これが労働基準法の労働時間の原則的な最長時間です。

ILO第1号条約（1919年成立）もそうです。

もし皆様のお店で、すべての従業員がこの1週間40時間以内で働いている場合は、何の心配もありません。

この範囲では、決して過労死は起きません。

そういうお店では、ここから先はお読みになる必要はありません。

三六協定書の範囲内で残業や休日に働かせている場合

労働基準法では、１週間に40時間を超えて働かせる場合や、休日に働かせる場合は時間外・休日労働協定、いわゆる三六協定を締結し、所轄労働基準監督署に届け出る必要があります。

これを作成された経験のある方は、１カ月45時間を超える時間外労働を内容とする協定書は、特別な場合以外は労働基準監督署が受け付けてくれないのをご存知だと思います。

その理由は、これ以内では、過労死はほとんど発生しないという医学知見があるからです。だから、１カ月45時間を超えない範囲でしか仕事をさせないという飲食店は、過労死の心配はありません。

２カ月から６カ月にわたり月平均80時間程度に及ぶ残業等をしている場合

１カ月45時間を超えるようになると、そろそろ心配してください。

45時間程度ではほとんど心配がないのですが、増えるに従って過労死の可能性が高くなります。

特に、平均80時間程度以上が２カ月連続すると、いつ起きても不思議でないという状態になります。

ところで、1カ月80時間程度の残業・休日労働というのは、どんな状態のことをいうのでしょうか。

飲食店は、ほとんどが週休1日制のようです。

そうすると、1カ月平均26日働くことになります。

この方たちに1日10時間働いてもらうと、1カ月260時間の労働時間になります。

少し計算が複雑になるので、省略していいますと、1カ月の平均の所定労働時間（1週40時間の1カ月あたりの時間）は約173時間です。

するとどうでしょうか。

1日2時間の残業をしてもらうと、1カ月の残業時間は87時間となります。

これが2カ月続くと、誰かが過労死になると考えるべきでしょう。

2カ月の連続でもなくても、6カ月に渡り平均を取ったら80時間以上になるという場合もここに該当します。

誰かが、1カ月60時間以上も残業をしているようだと、その方の勤務状況に十分注意をしてください。いつ何時、平均して1カ月80時間になるようになるか、予測不能の状態なのです。

もし、皆様の従業員の誰かが、このような状態で先に記述したような脳血管疾患や虚血性心疾患で死亡した場合は、間違いなく過労死と認定されます。

繰り返すことになりますが、このような働かせ方をすれば過労死を発生させるというのは、わが国の確立した知見なのです。

決して発生させてはならない情況と考えるべきでしょう。

１カ月１００時間を超える残業・休日労働がある場合

１カ月１００時間を超えるような月が1月でもあれば、その方は、過労死になる可能性がさらに高くなります。

この1カ月１００時間以上というのは、先に述べた1日10時間勤務をしている者が、さらに休日労働を2日したら、軽く１００時間を超えます。

どうでしょうか。

過労死というと、とんでもない長時間労働をしていると思われるでしょうが、その長時間はこんなものです。

店長と過労死……労働時間の管理

ほとんどの飲食店で、店長は管理職とされています。時間外手当を払うことはないので、労働時間の管理はほとんどされていません。

しかし、店長だって過労死にはなります。むしろ、比較的高齢の方が多いので、一般従業員よりその可能性は高いでしょう。

しかも、店長だって、労働時間の管理はその健康管理のため必要だとされています。使用者の義務だとされているのです。

したがって、店長についても、その労働時間の管理は、残業手当の支払いの有無にかかわりなく行うべきです。

第9章　CSR（企業の社会的責任）としての安全衛生

かつて、企業の労働安全衛生は、原則的に企業内問題として、使用者と労働者間の労使問題として捉えられてきました。

それが企業と社会との関係として捉えられ得たのは、安全衛生を充実すると、生産性が向上し、安くて、かつよりよい性能の製品を社会に提供するといった、あくまでも、企業活動の結果としての、社会との関わり方として考えられてきたように思います。

飲食店でいえば、安全衛生を向上させれば、結果として、明るくて感じのいい従業員のサービス、質のいい飲食物の提供が可能になり、社会にとっても有益であり、かつ、社会にとって有益な製品等を提供する優良な企業の発展ということ自体が、社会にとって有益であるという観点から考えられてきたのです。

しかし、今や、このような考え方はさらに進化し、企業の有益性や企業が生み出す製品の有益性といった観点ではなく、従業員の安全衛生の確保自体が、企業の社会的責任であるとみなされるようになっています。

すなわち、従業員に安全で衛生的な職場を提供すること自体が、企業が社会で永続的に存続する必要条件のひとつとみなされるようになり、これがＣＳＲ（Corporate Social Responsibility）と呼ばれているものです。

このような社会意識の進展を受けて、国際的にはＩＳＯ２６０００（社会的責任に関する国際規格）が定められ、これがＺ２６０００としてＪＩＳ規格にも採用されています。

これらの規格等はいずれも、企業内の労働安全衛生の推進が、企業の本来的な社会的責任として、明文化されています。

このような流れを受けて、社団法人日本経済団体連合会は「企業行動憲章―社会の信頼と共感を得るために―」を定め、その実行の手引き（第６版）「４―３　労働災害を防止し、従業員の健康づくりを支援する」の項において、

「従業員の安全と健康の確保は企業経営における最優先事項の一つである。経営トップの率先垂範の下に、労働災害の防止と従業員の健康保持増進の積極支援を図るため、労働安全衛生対策を推進する体制づくりを行う。その取り組みは、中高齢者にとっても効果的なものとなるよう留意する。また、職場における雇用・就労形態の多様化にも配慮することが求められる。」

と定めています。

この項のすべてをご紹介することは、本書の目的ではありませんので、その要旨だけをご紹介します。

(1) 労働安全衛生対策の基本を徹底する

① 労働災害防止のために経営トップが安全衛生管理の方針を表明するとともに、実施体制を整備する。

② 職場のリスクアセスメントに努め、その結果に基づき、計画的に施策を設け、PDCAサイクルを運用することによって効果的なマネジメントを進める。

③ 労働衛生の3管理（作業環境管理、作業管理、健康管理）を徹底する。

④ 安全衛生教育を充実し、従業員の意識を高める。

(2) 日常の安全衛生活動を活発化させる

① 作業前ミーティング、KY（危険予知）活動、5S（整理、整頓、清掃、清潔、躾）活動を積極的に行い、従事者の安全衛生慣行が定着するよう支援する。

② 従業員間、請負会社とが連携し、連絡や調整など継続的に活動を進める。

(3) 従業員の健康づくりを積極的に支援する

① 健康教育および職場における健康増進活動を進める。

② 健康保険組合などの医療保険者と連携して、生活習慣病などの疾病予防のための指導（運動・栄養など）を行う。

(4) 過重労働対策およびメンタルヘルス対策を推進する

① 労働時間や在社時間を把握し、年次有給休暇の取得促進も含め、必要な健康確保措置を実施するなど、過重労働における健康障害防止対策を進める。

② メンタルヘルス教育・相談体制の整備、不調への気づきと適切な対応、職場復帰プログラムの充実など、職場におけるメンタルヘルス対策に取り組む。特に職場の上下関係など対人関係上のトラブルによる不調の発生を予防するため、日常的な意識啓発を図る。

(5) 快適な職場づくりに取り組む

受動喫煙防止対策の徹底や、温度管理、騒音抑制による作業負荷の軽減など、従業員が働きやすい環境づくりに向けて作業環境の把握と見直しを進める。

以上が日本経団連の企業行動憲章4―3の概要です。

この中身は、私も大いに賛同できます。

しかし、ここであえて、この文章をご紹介させていただいたのは、この中身を承知していただくのが目的ではなく、日本の経済団体のトップが、安全衛生の問題をCSRのひとつとして、大変重要視されている事実を、承知していただきたかったからです。

企業の存在価値と安全衛生

そうです。かくのごとく、安全衛生は、企業の存在、存続の価値をかけて行うべき、企業本来の重要事項なのです。

著者紹介

東内一明（ひがしうち・かずあき）

昭和41年熊本大学卒業後、旧労働省入省。労働基準監督官に任官し、各地の労基署に勤務。昭和58年須崎労基署長、平成7年熊本労働基準局長、平成10年茨城労働基準局長等を歴任。平成11年旧労働省退官。
その後、中小企業国際人材育成事業団常務理事・東亜建設工業顧問を経て、現在、東鉄工業、不二家、マクドナルドの安全管理などを主担当とする顧問等を勤めている。

編・著書等
「介護労働者の労働時間管理」 介護労働安定センター
「安全衛生管理モデル規程・文例集」 新日本法規出版
「企業における労務監査の手引」 新日本法規出版

労新新書 003

実は危険な飲食店職場

人と職場を美しくすれば安全は確保できる！

著　者　東内　一明

平成26年　4月14日　初版
平成27年12月　2日　初版第2刷

発行所　株式会社労働新聞社
〒173-0022　東京都板橋区仲町29-9
TEL：03-3956-3151　FAX：03-3956-1611
http://www.rodo.co.jp/　pub@rodo.co.jp

印刷　モリモト印刷株式会社

ISBN978-4-89761-506-6